U0129113

現代小說名作選

丘　　嶽編

文史哲出版社印行

國家圖書館出版品預行編目資料

現代小說名作選 / 丘嶽編. -- 初版.-- 臺北
市：文史哲, 99.09
　　頁；　公分
ISBN 978-957-549-928-0(平裝)

857.61　　　　　　　　　　　　　99019361

現代小說名作選

編　　者：丘　　　　　　　嶽
印 行 者：文　史　哲　出　版　社
　　　　　http://www.lapen.com.tw
　　　　　e-mail：lapen@ms74.hinet.net
登記證字號：行政院新聞局版臺業字五三三七號
發 行 人：彭　　　正　　　雄
發 行 所：文　史　哲　出　版　社
印 刷 者：文　史　哲　出　版　社
　　　　　臺北市羅斯福路一段七十二巷四號
　　　　　郵政劃撥：16180175　傳真 886-2-23965656
　　　　　電話 886-2-2351-1028 ，886-2-2394-1774

實價新臺幣一六〇元

中華民國九十九年（2010）九月初版
中華民國一〇二年（2013）十二月初版再刷

現代小說名作選

目　　次小說名作

魯　迅

魯迅（1881－1936）

魯迅原名周樹人，浙江紹興人。1881 年生，1936 年逝世，享年 55 歲。

魯迅是中國現代小說的奠基者，也是迄今為止最偉大的現代中國作家。他在 1918 年發表的〈狂人日記〉是中國現代文學的開山之作，而發表於 1921 年的〈阿 Q 正傳〉則是中國現代小說中享有世界聲譽的作品。嚴家炎說：「中國現代小說在魯迅手中開始，又在魯迅手中成熟，這在歷史上是一種並不多見的現象。」

魯迅的小說作品集有三：《吶喊》（初版於 1923 年，共收〈狂人日記〉等 14 篇）、《彷徨》（初版於 1926 年，共收〈祝福〉等 11 篇）、《故事新編》（初版於 1936 年，共收〈補天〉等 8 篇）。其中《吶喊》、《彷徨》尤為精彩，所收 25 篇，幾乎無一不佳。其作品主題有三：抨擊封建傳統的壓迫性，暴露落後愚昧的國民性以及刻畫知識分子的虛偽性。

魯迅的思想深刻，對社會與人性的陰暗面有敏銳的感受與強烈的激憤，所以他的作品，往往主題深刻而震撼人心，表現技巧勇於創新而多變化，語言則追求簡約、凝煉的風格。

藥

魯　迅

一

　　秋天的後半夜，月亮下去了，太陽還沒有出，只剩下一片烏藍的天；除了夜游的東西，什麼都睡著。華老栓忽然坐起身，擦著火柴，點上遍身油膩的燈盞，茶館的兩間屋子裡，便彌滿了青白的光。

　　「小栓的爹，你就去麼？」是一個老女人的聲音。裡邊的小屋子裡，也發出一陣咳嗽。

　　「唔。」老栓一面聽，一面應，一面扣上衣服；伸手過去說，「你給我罷。」

　　華大媽在枕頭底下掏了半天，掏出一包洋錢，交給老栓，老栓接了，抖抖的裝入衣袋，又在外面按了兩下；便點上燈籠，吹熄燈盞，走向裡屋子去了。那屋子裡面，正在窸窸窣窣的響，接著便是一通咳嗽。老栓候他平靜下去，才低低的叫道，「小栓……你不要起來。……店麼？你娘會安排的。」

　　老栓聽得兒子不再說話，料他安心睡了；便出了門，走到街上。街上黑沈沈的一無所有，只有一條灰白的路，看得分明。燈光照著他的兩腳，一前一後的走。有時也遇到幾只

狗，可是一只也沒有叫。天氣比屋子裡冷多了；老栓倒覺爽快，彷彿一旦變了少年，得了神通，有給人生命的本領似的，跨步格外高遠。而且路也愈走愈分明，天也愈走愈亮了。

　　老栓正在專心走路，忽然吃了一驚，遠遠裡看見一條丁字街，明明白白橫著。他便退了幾步，尋到一家關著門的鋪子，蹩進簷下，靠門立住了。好一會，身上覺得有些發冷。

　　「哼，老頭子。」

　　「倒高興……。」

　　老栓又吃一驚，睜眼看時，幾個人從他面前過去了。一個還回頭看他，樣子不甚分明，但很像久餓的人見了食物一般，眼裡閃出一種攫取的光。老栓看看燈籠，已經熄了。按一按衣袋，硬硬的還在。仰起頭兩面一望，只見許多古怪的人，三三兩兩，鬼似的在那裡徘徊；定睛再看，卻也看不出什麼別的奇怪。

　　沒有多久，又見幾個兵，在那邊走動；衣服前後的一個大白圓圈，遠地裡也看得清楚，走過面前的，並且看出號衣上暗紅的鑲邊。 —— 一陣腳步聲響，一眨眼，已經擁過了一大簇人。那三三兩兩的人，也忽然合作一堆，潮一般向前進；將到丁字街口，便突然立住，簇成一個半圓。

　　老栓也向那邊看，卻只見一堆人的後背；頸項都伸得很長，彷彿許多鴨，被無形的手捏住了的，向上提著。靜了一會，似乎有點聲音，便又動搖起來，轟的一聲，都向後退；一直散到老栓立著的地方，幾乎將他擠倒了。

　　「喂！一手交錢，一手交貨！」一個渾身黑色的人，站在老栓面前，眼光正像兩把刀，刺得老栓縮小了一半。那人

一只大手，向他攤著；一只手卻撮著一個鮮紅的饅頭，那紅的還是一點一點的往下滴。

　　老栓慌忙摸出洋錢，抖抖的想交給他，卻又不敢去接他的東西。那人便焦急起來，嚷道，「怕什麼？怎的不拿！」老栓還躊躇著；黑的人便搶過燈籠，一把扯下紙罩，裹了饅頭，塞與老栓；一手抓過洋錢，捏一捏，轉身去了。嘴裡哼著說，「這老東西……。」

　　「這給誰治病的呀？」老栓也似乎聽得有人問他，但他並不答應；他的精神，現在只在一個包上，彷彿抱著一個十世單傳的嬰兒，別的事情，都已置之度外了。他現在要將這包裡的新的生命，移植到他家裡，收獲許多幸福。太陽也出來了；在他面前，顯出一條大道，直到他家中，後面也照見丁字街頭破匾上「古□亭口」這四個黯淡的金字。

二

　　老栓走到家，店面早經收拾乾淨，一排一排的茶桌，滑溜溜的發光。但是沒有客人；只有小栓坐在裡排的桌前吃飯，大粒的汗，從額上滾下，夾襖也帖住了脊心，兩塊肩胛骨高高凸出，印成一個陽文的「八」字。老栓見這樣子，不免皺一皺展開的眉心。他的女人，從灶下急急走出，睜著眼睛，嘴唇有些發抖。

　　「得了麼？」

　　「得了。」

　　兩個人一齊走進灶下，商量了一會；華大媽便出去了，不多時，拿著一片老荷葉回來，攤在桌上。老栓也打開燈籠

罩，用荷葉重新包了那紅的饅頭。小栓也吃完飯，他的母親慌忙說：「小栓 —— 你坐著，不要到這裡來。」一面整頓了灶火，老栓便把一個碧綠的包，一個紅紅白白的破燈籠，一同塞在灶裡；一陣紅黑的火焰過去時，店屋裡散滿了一種奇怪的香味。

「好香！你們吃什麼點心呀？」這是駝背五少爺到了。這人每天總在茶館裡過日，來得最早，去得最遲，此時恰恰蹩到臨街的壁角的桌邊，便坐下問話，然而沒有人答應他。「炒米粥麼？」仍然沒有人應。老栓匆匆走出，給他泡上茶。

「小栓進來罷！」華大媽叫小栓進了裡面的屋子，中間放好一條凳，小栓坐了。他的母親端過一碟烏黑的圓東西，輕輕說：

「吃下去罷， —— 病便好了。」

小栓撮起這黑東西，看了一會，似乎拿著自己的性命一般，心裡說不出的奇怪。十分小心的拗開了，焦皮裡面竄出一道白氣，白氣散了，是兩半個白面的饅頭。—— 不多工夫，已經全在肚裡了，卻全忘了什麼味；面前只剩下一張空盤。他的旁邊，一面立著他的父親，一面立著他的母親，兩人的眼光，都彷彿要在他身上注進什麼又要取出什麼似的；便禁不住心跳起來，按著胸膛，又是一陣咳嗽。

「睡一會罷， —— 便好了。」

小栓依他母親的話，咳著睡了。華大媽候他喘氣平靜，才輕輕的給他蓋上了滿幅補釘的夾被。

三

　　店裡坐著許多人，老栓也忙了，提著大銅壺，一趟一趟的給客人衝茶；兩個眼眶，都圍著一圈黑線。

　　「老栓，你有些不舒服麼？——你生病麼？」一個花白鬍子的人說。

　　「沒有。」

　　「沒有？——我想笑嘻嘻的，原也不像……」花白鬍子便取消了自己的話。

　　「老栓只是忙。要是他的兒子……」駝背五少爺話還未完，突然闖進了一個滿臉橫肉的人，披一件玄色布衫，散著鈕釦，用很寬的玄色腰帶，胡亂捆在腰間。剛進門，便對老栓嚷道：

　　「吃了麼？好了麼？老栓，就是運氣了你！你運氣，要不是我信息靈……。」

　　老栓一手提了茶壺，一手恭恭敬敬的垂著；笑嘻嘻的聽。滿座的人，也都恭恭敬敬的聽。華大媽也黑著眼眶，笑嘻嘻的送出茶碗茶葉來，加上一個橄欖，老栓便去衝了水。

　　「這是包好！這是與眾不同的。你想，趁熱的拿來，趁熱的吃下。」橫肉的人只是嚷。

　　「真的呢，要沒有康大叔照顧，怎麼會這樣……」華大媽也很感激的謝他。

　　「包好，包好！這樣的趁熱吃下。這樣的人血饅頭，什麼癆病都包好！」

　　華大媽聽到「癆病」這兩個字，變了一點臉色，似乎有

些不高興；但又立刻堆上笑，搭訕著走開了。這康大叔卻沒有覺察，仍然提高了喉嚨只是嚷，嚷得裡面睡著的小栓也合夥咳嗽起來。

「原來你家小栓碰到了這樣的好運氣了。這病自然一定全好；怪不得老栓整天的笑著呢。」花白鬍子一面說，一面走到康大叔面前，低聲下氣的問道，「康大叔 —— 聽說今天結果的一個犯人，便是夏家的孩子，那是誰的孩子？究竟是什麼事？」

「誰的？不就是夏四奶奶的兒子麼？那個小家伙！」康大叔見眾人都聳起耳朵聽他，便格外高興，橫肉塊塊飽綻，越發大聲說，「這小東西不要命，不要就是了。我可是這一回一點沒有得到好處；連剝下來的衣服，都給管牢的紅眼睛阿義拿去了。 —— 第一要算我們栓叔運氣；第二是夏三爺賞了二十五兩雪白的銀子，獨自落腰包，一文不花。」

小栓慢慢的從小屋子裡走出，兩手按了胸口，不住的咳嗽；走到灶下，盛出一碗冷飯，泡上熱水，坐下便吃。華大媽跟著他走，輕輕的問道，「小栓，你好些麼？ —— 你仍舊只是肚餓？……」

「包好，包好！」康大叔瞥了小栓一眼，仍然回過臉，對眾人說，「夏三爺真是乖角兒，要是他不先告官，連他滿門抄斬。現在怎樣？銀子！ —— 這小東西也真不成東西！關在牢裡，還要勸牢頭造反。」

「阿呀，那還了得。」坐在後排的一個二十多歲的人，很現出氣憤模樣。

「你要曉得紅眼睛阿義是去盤盤底細的，他卻和他攀談

了。他說：這大清的天下是我們大家的。你想：這是人話麼？紅眼睛原知道他家裡只有一個老娘，可是沒有料到他竟會這麼窮，榨不出一點油水，已經氣破肚皮了。他還要老虎頭上搔癢，便給他兩個嘴巴！」

「義哥是一手好拳棒，這兩下，一定夠他受用了。」壁角的駝背忽然高興起來。

「他這賤骨頭打不怕，還要說可憐可憐哩。」

花白鬍子的人說，「打了這種東西，有什麼可憐呢？」

康大叔顯出看他不上的樣子，冷笑著說，「你沒有聽清我的話；看他神氣，是說阿義可憐哩！」

聽著的人的眼光，忽然有些板滯；話也停頓了。小栓已經吃完飯，吃得滿頭流汗，頭上都冒出蒸氣來。

「阿義可憐 —— 瘋話，簡直是發了瘋了。」花白鬍子恍然大悟似的說。

「發了瘋了。」二十多歲的人也恍然大悟的說。

店裡的坐客，便又現出活氣，談笑起來。小栓也趁著熱鬧，拚命咳嗽；康大叔走上前，拍他肩膀說：

「包好！小栓 —— 你不要這麼咳。包好！」

「瘋了。」駝背五少爺點著頭說。

四

西關外靠著城根的地面，本是一塊官地；中間歪歪斜斜一條細路，是貪走便道的人，用鞋底造成的，但卻成了自然的界限。路的左邊，都埋著死刑和瘐斃的人，右邊是窮人的叢塚。兩面都已埋到層層疊疊，宛然闊人家裡祝壽時的饅頭。

這一年的清明，分外寒冷；楊柳才吐出半粒米大的新芽。天明未久，華大媽已在右邊的一坐新墳前面，排出四碟菜，一碗飯，哭了一場。化過紙，呆呆的坐在地上；彷彿等候什麼似的，但自己也說不出等候什麼。微風起來，吹動他短髮，確乎比去年白得多了。

小路上又來了一個女人，也是半白頭髮，襤褸的衣裙；提一個破舊的朱漆圓籃，外掛一串紙錠，三步一歇的走。忽然見華大媽坐在地上看他，便有些躊躇，慘白的臉上，現出些羞愧的顏色；但終於硬著頭皮，走到左邊的一座墳前，放下了籃子。

那墳與小栓的墳，一字兒排著，中間只隔一條小路。華大媽看他排好四碟菜，一碗飯，立著哭了一通，化過紙錠；心裡暗暗地想，「這墳裡的也是兒子了。」那老女人徘徊觀望了一回，忽然手腳有些發抖，蹌蹌踉踉退下幾步，瞪著眼只是發怔。

華大媽見這樣子，生怕他傷心到快要發狂了；便忍不住立起身，跨過小路，低聲對他說，「你這位老奶奶不要傷心了，——我們還是回去罷。」

那人點一點頭，眼睛仍然向上瞪著；也低聲吃吃的說道，「你看，——看這是什麼呢？」

華大媽跟了他指頭看去，眼光便到了前面的墳，這墳上草根還沒有全合，露出一塊一塊的黃土，煞是難看。再往上仔細看時，卻不覺也吃一驚；——分明有一圈紅白的花，圍著那尖圓的墳頂。

他們的眼睛都已老花多年了，但望這紅白的花，卻還能

明白看見。花也不很多，圓圓的排成一個圈，不很精神，倒也整齊。華大媽忙看他兒子和別人的墳，卻只有不怕冷的幾點青白小花，零星開著；便覺得心裡忽然感到一種不足和空虛，不願意根究。那老女人又走近幾步，細看了一遍，自言自語的說，「這沒有根，不像自己開的。 ── 這地方有誰來呢？孩子不會來玩； ── 親戚本家早不來了。 ── 這是怎麼一回事呢？」他想了又想，忽又流下淚來，大聲說道： ──

「瑜兒，他們都冤枉了你，你還是忘不了，傷心不過，今天特意顯點靈，要我知道麼？」他四面一看，只見一只烏鴉，站在一株沒有葉的樹上，便接著說，「我知道了。 ── 瑜兒，可憐他們坑了你，他們將來總有報應，天都知道；你閉了眼睛就是了。 ── 你如果真在這裡，聽到我的話， ── 便教這烏鴉飛上你的墳頂，給我看罷。」

微風早經停息了；枯草枝枝直立，有如銅絲。一絲發抖的聲音，在空氣中愈顫愈細，細到沒有，周圍便都是死一般靜。兩人站在枯草叢裡，仰面看那烏鴉；那烏鴉也在筆直的樹枝間，縮著頭，鐵鑄一般站著。

許多的工夫過去了；上墳的人漸漸增多，幾個老的小的，在土墳間出沒。

華大媽不知怎的，似乎卸下了一挑重擔，便想到要走；一面勸著說，「我們還是回去罷。」

那老女人嘆一口氣，無精打采的收起飯菜；又遲疑了一刻，終於慢慢地走了。嘴裡自言自語的說，「這是怎麼一回事呢？……」

他們走不上二三十步遠，忽聽得背後「啞 ── 」的一聲

大叫；兩個人都竦然的回過頭，只見那烏鴉張開兩翅，一挫身，直向著遠處的天空，箭也似的飛去了。

延伸閱讀資料

蔡登山：《魯迅愛過的人》，秀威資訊科技出版公司，2007年

王潤華：《魯迅越界跨國新解讀》，台北：文史哲出版社，2006年

范銘如編：《20世紀文學名家大賞：魯迅》，台北：三民書局，2006年

周海嬰：《魯迅與我七十年》，台北：聯經出版公司，2002年

楊澤編：《魯迅小說集》，台北：洪範書店，1994年

肥　皂

魯　迅

　　四銘太太正在斜日光中背著北窗和她八歲的女兒秀兒糊紙錠，忽聽得又重又緩的布鞋底聲響，知道四銘進來了，並不去看他，只是糊紙錠。但那布鞋底聲卻愈響愈逼近，覺得終於停在她的身邊了，於是不免轉過眼去看，只見四銘就在她面前聳肩曲背的狠命掏著布馬掛底下的袍子的大襟後面的口袋。

　　他好容易曲曲折折的匯出手來，手裡就有一個小小的長方包，葵綠色的，一逕遞給四太太。她剛接到手，就聞到一陣似橄欖非橄欖的說不清的香味，還看見葵綠色的紙包上有一個金光燦爛的印子和許多細簇簇的花紋。秀兒即刻跳過來要搶著看，四太太趕忙推開她。

　　「上了街？……」她一面看，一面問。

　　「唔唔。」他看著她手裡的紙包，說。

　　於是這葵綠色的紙包被打開了，裡面還有一層很薄的紙，也是葵綠色，揭開薄紙，才露出那東西的本身來，光滑堅致，也是葵綠色，上面還有細簇簇的花紋，而薄紙原來卻是米色的，似橄欖非橄欖的說不清的香味也來得更濃了。

「唉唉，這實在是好肥皂。」她捧孩子似的將那葵綠色的東西送到鼻子下面去，嗅著說。

「唔唔，你以後就用這個……。」

她看見他嘴裡這麼說，眼光卻射在她的脖子上，便覺得顴骨以下的臉上似乎有些熱。她有時自己偶然摸到脖子上，尤其是耳朵後，指面上總感著些粗糙，本來早就知道是積年的老泥，但向來倒也並不很介意。現在在他的注視之下，對著這葵綠異香的洋肥皂，可不禁臉上有些發熱了，而且這熱又不絕的蔓延開去，即刻一逕到耳根。她於是就決定晚飯後要用這肥皂來拚命的洗一洗。

「有些地方，本來單用皂莢子是洗不乾淨的。」她自對自的說。

「媽，這給我！」秀兒伸手來搶葵綠紙；在外面玩耍的小女兒招兒也跑到了。四太太趕忙推開她們，裹好薄紙，又照舊包上葵綠紙，欠過身去擱在洗臉臺上最高的一層格子上，看一看，翻身仍然糊紙錠。

「學程！」四銘記起了一件事似的，忽而拖長了聲音叫，就在她對面的一把高背椅子上坐下了。

「學程！」她也幫著叫。

她停下糊紙錠，側耳一聽，什麼響應也沒有，又見他仰著頭焦急的等著，不禁很有些抱歉了，便盡力提高了喉嚨，尖厲的叫：

「絟兒呀！」

這一叫確乎有效，就聽到皮鞋聲橐橐的近來，不一會，絟兒已站在她面前了，只穿短衣，肥胖的圓臉上亮晶晶的流

著油汗。

「你在做什麼？怎麼爹叫也不聽見？」她譴責的說。

「我剛在練八卦拳⋯⋯。」他立即轉身向了四銘，筆挺的站著，看著他，意思是問他什麼事。

「學程，我就要問你：『惡毒婦』是什麼？」

「『惡毒婦』？⋯⋯那是，『很凶的女人』罷？⋯⋯」

「胡說！胡鬧！」四銘忽而怒得可觀。「我是『女人』麼！？」

學程嚇得倒退了兩步，站得更挺了。他雖然有時覺得他走路很像上台的老生，卻從沒有將他當作女人看待，他知道自己答的很錯了。

「『惡毒婦』是『很凶的女人』，我倒不懂，得來請教你？ —— 這不是中國話，是鬼子話，我對你說。這是什麼意思，你懂麼？」

「我，⋯⋯我不懂。」學程更加侷促起來。

「嚇，我白花錢送你進學堂，連這一點也不懂。虧煞你的學堂還誇什麼『口耳並重』，倒教得什麼也沒有。說這鬼話的人至多不過十四五歲，比你還小些呢，已經嘰嘰咕咕的能說了，你卻連意思也說不出，還有這臉說『我不懂』！ —— 現在就給我去查出來！」

學程在喉嚨底裡答應了一聲「是」，恭恭敬敬的退出去了。

「這真叫作不成樣子，」過了一會，四銘又慷慨的說，「現在的學生是。其實，在光緒年間，我就是最提倡開學堂的，可萬料不到學堂的流弊竟至於如此之大：什麼解放咧，

自由咧，沒有實學，只會胡鬧。學程呢，為他花了的錢也不少了，都白花。好容易給他進了中西折衷的學堂，英文又專是『口耳並重』的，你以為這該好了罷，哼，可是讀了一年，連『惡毒婦』也不懂，大約仍然是念死書。嚇，什麼學堂，造就了些什麼？我簡直說：應該統統關掉！」

「對咧，真不如統統關掉的好。」四太太糊著紙錠，同情的說。

「秀兒她們也不必進什麼學堂了。「女孩子，念什麼書？」九公公先前這樣說，反對女學的時候，我還攻擊他呢；可是現在看起來，究竟是老年人的話對。你想，女人一陣一陣的在街上走，已經很不雅觀的了，她們卻還要剪頭髮。我最恨的就是那些剪了頭髮的女學生，我簡直說，軍人土匪倒還情有可原，攪亂天下的就是她們，應該很嚴的辦一辦⋯⋯。」

「對咧，男人都像了和尚還不夠，女人又來學尼姑了。」

「學程！」

學程正捧著一本小而且厚的金邊書快步進來，便呈給四銘，指著一處說：

「這倒有點像。這個⋯⋯。」

四銘接來看時，知道是字典，但文字非常小，又是橫行的。他眉頭一皺，擎向窗口，細著眼睛，就學程所指的一行念過去：

「『第十八世紀創立之共濟講社之稱』。 ── 唔，不對。── 這聲音是怎麼念的？」他指著前面的「鬼子」字，問。

「惡特拂羅斯（Oddfellows）。」

「不對，不對，不是這個。」四銘又忽而憤怒起來了。

「我對你說：那是一句壞話，罵人的話，罵我這樣的人的。懂了麼？查去！」

學程看了他幾眼，沒有動。

「這是什麼悶胡盧，沒頭沒腦的？你也先得說說清，教他好用心的查去。」她看見學程為難，覺得可憐，便排解而且不滿似的說。

「就是我在大街上廣潤祥買肥皂的時候，」四銘呼出了一口氣，向她轉過臉去，說。「店裡又有三個學生在那裡買東西。我呢，從他們看起來，自然也怕太嚕蘇一點了罷。我一氣看了六七樣，都要四角多，沒有買；看一角一塊的，又太壞，沒有什麼香。我想，不如中通的好，便挑定了那綠的一塊，兩角四分。伙計本來是勢利鬼，眼睛生在額角上的，早就嚕著狗嘴的了；可恨那學生這壞小子又都擠眉弄眼的說著鬼話笑。後來，我要打開來看一看才付錢：洋紙包著，怎麼斷得定貨色的好壞呢。誰知道那勢利鬼不但不依，還蠻不講理，說了許多可惡的廢話；壞小子們又附和著說笑。那一句是頂小的一個說的，而且眼睛看著我，他們就都笑起來了：可見一定是一句壞話。」他於是轉臉對著學程道，「你只要在『壞話類』裡去查去！」

學程在喉嚨底裡答應了一聲「是」，恭恭敬敬的退去了。

「他們還嚷什麼『新文化新文化』，『化』到這樣了，還不夠？」他兩眼釘著屋梁，儘自說下去。「學生也沒有道德，社會上也沒有道德，再不想點法子來挽救，中國這才真個要亡了。——你想，那多麼可嘆？……」

「什麼？」她隨口的問，並不驚奇。

「孝女。」他轉眼對著她，鄭重的說。「就在大街上，有兩個討飯的。一個是姑娘，看去該有十八九歲了。── 其實這樣的年紀，討飯是很不相宜的了，可是她還討飯。── 和一個六七十歲的老的，白頭髮，眼睛是瞎的，坐在布店的簷下求乞。大家多說她是孝女，那老的是祖母。她只要討得一點什麼，便都獻給祖母吃，自己情願餓肚皮。可是這樣的孝女，有人肯布施麼？」他射出眼光來釘住她，似乎要試驗她的識見。

她不答話，也只將眼光釘住他，似乎倒是專等他來說明。

「哼，沒有。」他終於自己回答說。「我看了好半天，只見一個人給了一文小錢；其餘的圍了一大圈，倒反去打趣。還有兩個光棍，竟肆無忌憚的說：「阿發，你不要看得這貨色髒。你只要去買兩塊肥皂來，咯支咯支遍身洗一洗，好得很哩！」哪，你想，這成什麼話？」

「哼，」她低下頭去了，久之，才又懶懶的問，「你給了錢麼？」

「我麼？── 沒有。一兩個錢，是不好意思拿出去的。她不是平常的討飯，總得……。」

「嗡。」她不等說完話，便慢慢地站起來，走到廚下去。昏黃只顯得濃密，已經是晚飯時候了。

四銘也站起身，走出院子去。天色比屋子裡還明亮，學程就在牆角落上練習八卦拳：這是他的「庭訓」，利用晝夜之交的時間的經濟法，學程奉行了將近大半年了。他贊許似的微微點一點頭，便反背著兩手在空院子裡來回的踱方步。

不多久，那惟一的盆景萬年青的闊葉又已消失在昏暗中，破絮一般的白雲間閃出星點，黑夜就從此開頭。四銘當這時候，便也不由的感奮起來，彷彿就要大有所為，與周圍的壞學生以及惡社會宣戰。他意氣漸漸勇猛，腳步愈跨愈大，布鞋底聲也愈走愈響，嚇得早已睡在籠子裡的母雞和小雞也都唧唧足足的叫起來了。

堂前有了燈光，就是號召晚餐的烽火，合家的人們便都齊集在中央的桌子周圍。燈在下橫；上首是四銘一人居中，也是學程一般肥胖的圓臉，但多兩撇細胡子，在菜湯的熱氣裡，獨據一面，很像廟裡的財神。左橫是四太太帶著招兒；右橫是學程和秀兒一列。碗筷聲雨點似的響，雖然大家不言語，也就是很熱鬧的晚餐。

招兒帶翻了飯碗了，菜湯流得小半桌。四銘盡量的睜大了細眼睛瞪著看得她要哭，這才收回眼光，伸筷自去夾那早先看中了的一個菜心去。可是菜心已經不見了，他左右一瞥，就發見學程剛剛夾著塞進他張得很大的嘴裡去，他於是只好無聊的吃了一筷黃菜葉。

「學程，」他看著他的臉說，「那一句查出了沒有？」

「那一句？ ── 那還沒有。」

「哼，你看，也沒有學問，也不懂道理，單知道吃！學學那個孝女罷，做了乞丐，還是一味孝順祖母，自己情願餓肚子。但是你們這些學生那裡知道這些，肆無忌憚，將來只好像那光棍……。」

「想倒想著了一個，但不知可是。 ── 我想，他們說的也許是『阿爾特膚爾』」。」

「哦哦，是的！就是這個！他們說的就是這樣一個聲音：「惡毒夫咧。」這是什麼意思？你也就是他們這一黨：你知道的。」

「意思，—— 意思我不很明白。」

「胡說！瞞我。你們都是壞種！」

「「天不打吃飯人」，你今天怎麼盡鬧脾氣，連吃飯時候也是打雞罵狗的。他們小孩子們知道什麼。」四太太忽而說。

「什麼？」四銘正想發話，但一回頭，看見她陷下的兩頰已經鼓起，而且很變了顏色，三角形的眼裡也發著可怕的光，便趕緊改口說，「我也沒有鬧什麼脾氣，我不過教學程應該懂事些。」

「他那裡懂得你心裡的事呢。」她可是更氣忿了。「他如果能懂事，早就點了燈籠火把，尋了那孝女來了。好在你已經給她買好了一塊肥皂在這裡，只要再去買一塊……」

「胡說！那話是那光棍說的。」

「不見得。只要再去買一塊，給她咯支咯支的遍身洗一洗，供起來，天下也就太平了。」

「什麼話？那有什麼相乾？我因為記起了你沒有肥皂……」

「怎麼不相乾？你是特誠買給孝女的，你咯支咯支的去洗去。我不配，我不要，我也不要沾孝女的光。」

「這真是什麼話？你們女人……」四銘支吾著，臉上也像學程練了八卦拳之後似的流出油汗來，但大約大半也因為吃了太熱的飯。

「我們女人怎麼樣？我們女人，比你們男人好得多。你們男人不是罵十八九歲的女學生，就是稱讚十八九歲的女討飯：都不是什麼好心思。「咯支咯支」，簡直是不要臉！」

「我不是已經說過了？那是一個光棍……」

「四翁！」外面的暗中忽然起了極響的叫喊。

「道翁麼？我就來！」四銘知道那是高聲有名的何道統，便遇赦似的，也高興的大聲說。「學程，你快點燈照何老伯到書房去！」

學程點了燭，引著道統走進西邊的廂房裡，後面還跟著卜薇園。

「失迎失迎，對不起。」四銘還嚼著飯，出來拱一拱手，說。「就在舍間用便飯，何如？……」

「已經偏過了。」薇園迎上去，也拱一拱手，說。「我們連夜趕來，就為了那移風文社的第十八屆徵文題目，明天不是『逢七』麼？」

「哦！今天十六？」四銘恍然的說。

「你看，多麼糊塗！」道統大嚷道。

「那麼，就得連夜送到報館去，要他明天一準登出來。」

「文題我已經擬下了。你看怎樣，用得用不得？」道統說著，就從手巾包裡挖出一張紙條來交給他。

四銘踱到燭臺面前，展開紙條，一字一字的讀下去：

「『恭擬全國人民合詞籲請貴大總統特頒明令專重聖經崇祀孟母以挽頹風而存國粹文』。——好極好極。可是字數太多了罷？」

「不要緊的！」道統大聲說。「我算過了，還無須乎多

加廣告費。但是詩題呢？」

「詩題麼？」四銘忽而恭敬之狀可掬了。「我倒有一個在這裡：孝女行。那是實事，應該表彰表彰她。我今天在大街上……」

「哦哦，那不行。」薇園連忙搖手，打斷他的話。「那是我也看見的。她大概是「外路人」，我不懂她的話，她也不懂我的話，不知道她究竟是那裡人。大家倒都說她是孝女；然而我問她可能做詩，她搖搖頭。要是能做詩，那就好了。」

「然而忠孝是大節，不會做詩也可以將就……。」

「那倒不然，而孰知不然！」薇園攤開手掌，向四銘連搖帶推的奔過去，力爭說。「要會做詩，然後有趣。」

「我們，」四銘推開他，「就用這個題目，加上說明，登報去。一來可以表彰表彰她；二來可以借此針砭社會。現在的社會還成個什麼樣子，我從旁考察了好半天，竟不見有什麼人給一個錢，這豈不是全無心肝……」

「阿呀，四翁！」薇園又奔過來，「你簡直是在「對著和尚罵賊禿」了。我就沒有給錢，我那時恰恰身邊沒有帶著。」

「不要多心，薇翁。」四銘又推開他，「你自然在外，又作別論。你聽我講下去：她們面前圍了一大群人，毫無敬意，只是打趣。還有兩個光棍，那是更其肆無忌憚了，有一個簡直說，『阿發，你去買兩塊肥皂來，咯支咯支遍身洗一洗，好得很哩。』你想，這……」

「哈哈哈！兩塊肥皂！」道統的響亮的笑聲突然發作了，震得人耳朵喤喤的叫。「你買，哈哈，哈哈！」

「道翁，道翁，你不要這麼嚷。」四銘吃了一驚，慌張

的說。

「咯支咯支，哈哈！」

「道翁！」四銘沈下臉來了，「我們講正經事，你怎麼只胡鬧，鬧得人頭昏。你聽，我們就用這兩個題目，即刻送到報館去，要他明天一準登出來。這事只好偏勞你們兩位了。」

「可以可以，那自然。」薇園極口應承說。

「呵呵，洗一洗，咯支……唏唏……」

「道翁！！！」四銘憤憤的叫。

道統給這一喝，不笑了。他們擬好了說明，薇園謄在信箋上，就和道統跑往報館去。四銘拿著燭臺，送出門口，回到堂屋的外面，心裡就有些不安逸，但略一躊躕，也終於跨進門檻去了。他一進門，迎頭就看見中央的方桌中間放著那肥皂的葵綠色的小小的長方包，包中央的金印子在燈光下明晃晃的發閃，周圍還有細小的花紋。

秀兒和招兒都蹲在桌子下橫的地上玩；學程坐在右橫查字典。最後在離燈最遠的陰影裡的高背椅子上發見了四太太，燈光照處，見她死板板的臉上並不顯出什麼喜怒，眼睛也並不看著什麼東西。

「咯支咯支，不要臉不要臉……」

四銘微微的聽得秀兒在他背後說，回頭看時，什麼動作也沒有了，只有招兒還用了她兩只小手的指頭在自己臉上抓。

他覺得存身不住，便熄了燭，踱出院子去。他來回的踱，一不小心，母雞和小雞又唧唧足足的叫了起來，他立即放輕腳步，並且走遠些。經過許多時，堂屋裡的燈移到臥室裡去了。他看見一地月光，彷彿滿鋪了無縫的白紗，玉盤似的月

亮現在白雲間，看不出一點缺。

　　他很有些悲傷，似乎也像孝女一樣，成了「無告之民」，孤苦零丁了。他這一夜睡得非常晚。

　　但到第二天的早晨，肥皂就被錄用了。這日他比平日起得遲，看見她已經伏在洗臉台上擦脖子，肥皂的泡沫就如大螃蟹嘴上的水泡一般，高高的堆在兩個耳朵後，比起先前用皂莢時候的只有一層極薄的白沫來，那高低真有霄壤之別了。從此之後，四太太的身上便總帶著些似橄欖非橄欖的說不清的香味；幾乎小半年，這才忽而換了樣，凡有聞到的都說那可似乎是檀香。

茅　盾

茅　盾（1896－1981）

茅盾，原名沈德鴻，字雁冰，浙江桐鄉烏鎮人。1896 年生，1981 年去世，享壽 85 歲。茅盾是著名的小說家、翻譯家、文藝評論家及文化活動家。二○年代曾任《小說月報》主編。1930 年中國左翼作家聯盟成立時，茅盾是發起人。1949 年後，出任全國文聯副主席、作協主席、文化部長，並兼《人民文學》、《譯文》主編。文革結束後，1978 年復出，當選為文聯名譽主席、作協主席，直至去世。茅盾在大陸文壇的官方地位僅次於魯迅與郭沫若。

茅盾的代表作品有短篇小說〈春蠶〉、中篇小說《林家鋪子》、長篇小說《蝕》、《虹》、《子夜》、《霜葉紅於二月花》等，其中以《子夜》最為有名，展示了三○年代中國社會的真實面貌。他的小說流暢細膩，善寫人物心理——尤其是女性心理，但瑣屑有餘，韻味不足，意識形態色彩也太過明顯，這些缺失在一定程度上削弱了作品的藝術價值。

春　蠶

茅　盾

一

　　老通寶坐在「塘路」邊的一塊石頭上，長旱煙管斜擺在他身邊。「清明」節後的太陽已經很有力量，老通寶背脊上熱烘烘地，像背著一盆火。「塘路」上拉縴的快班船上的紹興人只穿了一件藍布單衫，敞開了大襟，彎著身子拉，額角上黃豆大的汗粒落到地下。

　　看著人家那樣辛苦的勞動，老通寶覺得身上更加熱了；熱的有點兒發癢。他還穿著那件過冬的破棉襖，他的夾襖還在當鋪裡，卻不防才得「清明」邊，天就那麼熱。

　　「真是天也變了！」

　　老通寶心裡說，就吐一口濃厚的唾沫。在他面前那條「官河」內，水是綠油油的，來往的船也不多，鏡子一樣的水面這裡那裡起了幾道皺紋或是小小的渦旋，那時候，倒影在水裡的泥岸和岸邊成排的桑樹，都晃亂成灰暗的一片。可是不會很長久的。漸漸兒那些樹影又在水面上顯現，一彎一曲地蠕動，像是醉漢，再過一會兒，終於站定了，依然是很清晰的倒影。那拳頭模樣的椏枝頂都已經簇生著小手指兒那麼大

的嫩綠葉。這密密層層的桑樹，沿著那「官河」一直望去，好像沒有盡頭。田裡現在還只有乾裂的泥塊，這一帶，現在是桑樹的勢力！在老通寶背後，也是大片的桑林，矮矮的，靜穆的，在熱烘烘的太陽光下，似乎那「桑拳」上的嫩綠葉過一秒鐘就會大一些。

　　離老通寶坐處不遠，一所灰白色的樓房蹲在「塘路」邊，那是繭廠。十多天前駐紮過軍隊，現在那邊田裡留著幾條短短的戰壕。那時都說東洋兵要打進來，鎮上有錢人都逃光了；現在兵隊又開走了，那座繭廠依舊空關在那裡，等候春繭上市的時候再熱鬧一番。老通寶也聽得鎮上小陳老爺的兒子── 陳大少爺說過，今年上海不太平，絲廠都關門，恐怕這裡的繭廠也不能開；但老通寶是不肯相信的。他活了六十歲，反亂年頭也經過好幾個，從沒見過綠油油的桑葉白養在樹上等到成了「枯葉」去餵羊吃；除非是「蠶花」不熟，但那是老天爺的「權柄」，誰又能夠未卜先知？

　　「才得清明邊，天就那麼熱！」

　　老通寶看著那些桑拳上怒茁的小綠葉兒，心裡又這麼想，同時有幾分驚異，有幾分快活。他記得自己還是二十多歲少壯的時候，有一年也是「清明」邊就得穿夾，後來就是「蠶花二十四分」，自己也就在這一年成了家。那時，他家正在「發」；他的父親像一頭老牛似的，什麼都懂得，什麼都做得；便是他那創家立業的祖父，雖說在長毛窩裡吃過苦頭，卻也愈老愈硬朗。那時候，老陳老爺去世不久，小陳老爺還沒抽上鴉片煙，「陳老爺家」也不是現在那麼不像樣的。老通寶相信自己一家和「陳老爺家」雖則一邊是高門大戶，

而一邊不過是種田人，然而兩家的運命好像是一條線兒牽著。不但「長毛造反」那時候，老通寶的祖父和陳老爺同被長毛擄去，同在長毛窩裡混上了六七年，不但他們倆同時從長毛營盤裡逃了出來，而且偷得了長毛的許多金元寶——人家到現在還是這麼說；並且老陳老爺做絲生意「發」起來的時候，老通寶家養蠶也是年年都好，十年中間掙得了二十畝的稻田和十多畝的桑地，還有三開間兩進的一座平屋。這時候，老通寶家在東村莊上被人人所妒羨，也正像「陳老爺家」在鎮上是數一數二的大戶人家。可是以後，兩家都不行了；老通寶現在已經沒有自己的田地，反欠出三百多塊錢的債，「陳老爺家」也早已完結。人家都說「長毛鬼」在陰間告了一狀，閻羅王追還「陳老爺家」的金元寶橫財，所以敗的這麼快。這個，老通寶也有幾分相信，不是鬼使神差，好端端的小陳老爺怎麼會抽上了鴉片煙？

可是老通寶死也想不明白為什麼「陳老爺家」的「敗」會牽動到他家。他確實知道自己家並沒得過長毛的橫財。雖則聽死了的老頭子說，好像那老祖父逃出長毛營盤的時候，不巧撞著了一個巡路的小長毛，當時沒法，只好殺了他，——這是一個「結」！然而從老通寶懂事以來，他們家替這小長毛鬼拜懺念佛燒紙錠，記不清有多少次了。這個小冤魂，理應早投凡胎。老通寶雖然不很記得祖父是怎樣「做人」，但父親的勤儉忠厚，他是親眼看見的；他自己也是規矩人，他的兒子阿四，兒媳四大娘，都是勤儉的。就是小兒子阿多年紀輕，有幾分「不知苦辣」，可是毛頭小伙子，大都這麼著，算不得「敗家相」！

老通寶抬起他那焦黃的皺臉，苦惱地望著他面前的那條河，河裡的船，以及兩岸的桑地。一切都和他二十多歲時差不了多少，然而「世界」到底變了。他自己家也要常常把雜糧當飯吃一天，而且又欠出了三百多塊錢的債。

嗚！嗚，嗚，嗚，──

汽笛叫聲突然從那邊遠遠的河身的彎曲地方傳了來。就在那邊，蹲著又一個繭廠，遠望去隱約可見那整齊的石「幫岸」。一條柴油引擎的小輪船很威嚴地從那繭廠後駛出來，拖著三條大船，迎面向老通寶來了。滿河平靜的水立刻激起潑刺刺的波浪，一齊向兩旁的泥岸捲過來。一條鄉下「赤膊船」趕快攏岸，船上人揪住了泥岸上的樹根，船和人都好像在那裡打鞦韆。軋軋軋的輪機聲和洋油臭，飛散在這和平的綠的田野。老通寶滿臉恨意，看著這小輪船來，看著它過去，直到又轉一個彎，嗚嗚嗚地又叫了幾聲，就看不見。老通寶向來仇恨小輪船這一類洋鬼子的東西！他從沒見過洋鬼子，可是他從他的父親嘴裡知道老陳老爺見過洋鬼子：紅眉毛，綠眼睛，走路時兩條腿是直的。並且老陳老爺也是很恨洋鬼子，常常說「銅鈿都被洋鬼子騙去了」。老通寶看見老陳老爺的時候，不過八九歲，── 現在他所記得的關於老陳老爺的一切都是聽來的，可是他想起了「銅鈿都被洋鬼子騙去了」這句話，就彷彿看見了老陳老爺捋著鬍子搖頭的神氣。

洋鬼子怎樣就騙了錢去，老通寶不很明白。但他很相信老陳老爺的話一定不錯。並且他自己也明明看到自從鎮上有了洋紗，洋布，洋油，── 這一類洋貨，而且河裡更有了小火輪船以後，他自己田裡生出來的東西就一天一天不值錢，

而鎮上的東西卻一天一天貴起來。他父親留下來的一分家產就這麼變小，變做沒有，而且現在負了債。老通寶恨洋鬼子不是沒有理由的！他這堅定的主張，在村坊上很有名。五年前，有人告訴他：朝代又改了，新朝代是要「打倒」洋鬼子的。老通寶不相信。爲的他上鎮去看見那新到的喊著「打倒洋鬼子」的年輕人們都穿了洋鬼子衣服。他想來這伙年輕人一定私通洋鬼子，卻故意來騙鄉下人。後來果然就不喊「打倒洋鬼子」了，而且鎮上的東西更加一天一天貴起來，派到鄉下人身上的捐稅也更加多起來。老通寶深信這都是串通了洋鬼子幹的。

然而更使老通寶去年幾乎氣成病的，是繭子也是洋種的賣得好價錢；洋種的繭子，一擔要貴上十多塊錢。素來和兒媳總還和睦的老通寶，在這件事上可就吵了架。兒媳四大娘去年就要養洋種的蠶。小兒子跟他嫂嫂是一路，那阿四雖然嘴裡不多說，心裡也是要洋種的。老通寶拗不過他們，末了只好讓步。現在他家裡有的五張蠶種，就是土種四張，洋種一張。

「世界真是越變越壞！過幾年他們連桑葉都要洋種了！我活得厭了！」

老通寶看著那些桑樹，心裡說，拿起身邊的長旱煙管恨恨地敲著腳邊的泥塊。太陽現在正當他頭頂，他的影子落在泥地上，短短地像一段烏焦木頭，還穿著破棉襖的他，覺得渾身躁熱起來了。他解開了大襟上的鈕扣，又抓著衣角搧了幾下，站起來回家去。

那一片桑樹背後就是稻田。現在大部分是勻整的牛翻著

的燥裂的泥塊。偶爾也有種了雜糧的，那黃金一般的菜花散出強烈的香味。那邊遠遠地一簇房屋，就是老通寶他們住了三代的村坊，現在那些屋上都裊起了白的炊煙。

老通寶從桑林裡走出來，到田塍上，轉身又望那一片爆著嫩綠的桑樹。忽然那邊田野跳躍著來了一個十來歲的男孩子，遠遠地就喊道：

「阿爹！媽等你吃中飯呢！」

「哦——」

老通寶知道是孫子小寶，隨口應著，還是望著那一片桑林。才只得「清明」邊，桑葉尖兒就抽得那麼小指頭兒似的，他一生就只見過兩次。今年的蠶花，光景是好年成。三張蠶種，該可以採多少繭子呢？只要不像去年，他家的債也許可以撥還一些罷。

小寶已經跑到他阿爹的身邊了，也仰著臉看那綠絨似的桑拳頭；忽然他跳起來拍著手唱道：

「清明削口，看蠶娘娘拍手！」

老通寶的皺臉上露出笑容來了。他覺得這是一個好兆頭。他把手放在小寶的「和尚頭」上摩著，他的被窮苦弄麻木了的老心裡勃然又生出新的希望來了。

二

天氣繼續暖和，太陽光催開了那些桑拳頭上的小手指兒模樣的嫩葉，現在都有小小的手掌那麼大了。老通寶他們那村莊四周圍的桑林似乎發長得更好，遠望去像一片綠錦平鋪在密密層層灰白色矮矮的籬笆上。「希望」在老通寶和一般

農民們的心裡一點一點一天一天強大。蠶事的動員令也在各方面發動了。藏在柴房裡一年之久的養蠶用具都拿出來洗刷修補。那條穿村而過的小溪旁邊，蠕動著村裡的女人和孩子，工作著，嚷著，笑著。

這些女人和孩子們都不是十分健康的臉色，—— 從今年開春起，他們都只吃個半飽；他們身上穿的，也只是些破舊的衣服。實在他們的情形比叫花子好不了多少。然而他們的精神都很不差。他們有很大的忍耐力，又有很大的幻想。雖然他們都負了天天在增大的債，可是他們那簡單的頭腦老是這麼想：只要蠶花熟，就好了！他們想像到一個月以後那些綠油油的桑葉就會變成雪白的繭子，於是又變成叮叮噹噹響的洋錢，他們雖然肚子裡餓得咕咕地叫，卻也忍不住要笑。

這些女人中間也就有老通寶的媳婦四大娘和那個十二歲的小寶。這娘兒兩個已經洗好了那些「團扁」和「蠶簟」，坐在小溪邊的石頭上撩起布衫角揩臉上的汗水。

「四阿嫂！你們今年也看（養）洋種麼？」

小溪對岸的一群女人中間有一個二十歲左右的姑娘隔溪喊過來了。四大娘認得是隔溪的對門鄰舍陸福慶的妹子六寶。四大娘立刻把她的濃眉毛一挺，好像正想找人吵架似的嚷了起來：

「不要來問我！阿爹做主呢！—— 小寶的阿爹死不肯，只看了一張洋種！老糊塗的聽得帶一個洋字就好像見了七世冤家！洋錢，也是洋，他倒又要了！」

小溪旁那些女人們聽得笑起來了。這時候有一個壯健的小伙子正從對岸的陸家稻場上走過，跑到溪邊，跨上了那橫

在溪面用四根木頭並排做成的雛形「橋」。四大娘一眼看見，就丟開了「洋種」問題，高聲喊道：

「多多弟！來幫我搬東西罷！這些扁，浸濕了，就像死狗一樣重！」

小伙子阿多也不開口，走過來拿起五六隻「團扁」，濕漉漉地頂在頭上，卻空著一雙手，划槳似的蕩著，就走了。這個阿多高興起來時，什麼事都肯做，碰到同村的女人們叫他幫忙拿什麼重傢伙，或是下溪去撈什麼，他都肯；可是今天他大概有點不高興，所以只頂了五六隻「團扁」去，卻空著一雙手。那些女人們看著他戴了那特別大翁帽似的一疊「扁」，曩著腰，學鎮上女人的樣子走著，又都笑起來了，老通寶家緊鄰的李根生的老婆荷花一邊笑，一邊叫道：

「喂，多多頭！回來！也替我帶一點兒去！」

「叫我一聲好聽的，我就給你拿。」

阿多也笑著回答，仍然走。轉眼間就到了他家的廊下，就把頭上的「團扁」放在廊簷口。

「那麼，叫你一聲乾兒子！」

荷花說著就大聲的笑起來，她那出眾地白淨然而扁得作怪的臉上看去就好像只有一張大嘴和瞇緊了好像兩條線一般的細眼睛。她原是鎮上人家的婢女，嫁給那不聲不響整天苦著臉的半老頭子李根生還不滿半年，可是她的愛和男子們胡調已經在村中很有名。

「不要臉的！」

忽然對岸那群女人中間有人輕聲罵了一句。荷花的那對細眼睛立刻睜大了，怒聲嚷道：

「罵哪一個？有本事，當面罵，不要躲！」

「你管得我？棺材橫頭踢一腳，死人肚裡自得知：我就罵那不要臉的騷貨！」

隔溪立刻回罵過來了，這就是那六寶，又一位村裡有名淘氣的大姑娘。

於是對罵之下，兩邊又潑水。愛鬧的女人也夾在中間幫這邊幫那邊。小孩子們笑著狂呼。四大娘是老成的，提起她的「蠶簟」，喊著小寶，自回家去。阿多站在廊下看著笑。他知道為什麼六寶要跟茶花吵架；他看著那「辣貨」六寶挨罵，倒覺得很高興。

老通寶捐著一架「蠶台」從屋子裡出來，這三稜形傢伙的木梗子有幾條給白螞蟻蛀過了，怕的不牢，須得修補一下。看見阿多站在那裡笑嘻嘻地望著外邊的女人們吵架，老通寶的臉色就板起來了。他這「多多頭」的小兒子不老成，他知道。尤其使他不高興的，是多多也和緊鄰的荷花說說笑笑。「那母狗是白虎星，惹上了她就得敗家」，── 老通寶時常這樣警戒他的小兒子。

「阿多！空手看野景麼？阿四在後邊扎『綴頭』，你去幫他！」

老通寶像一匹瘋狗似的咆哮著，火紅的眼睛一直盯住了阿多的身體，直到阿多走進屋裡去，看不見了，老通寶方才提過那「蠶台」來反覆審察，慢慢地動手修補。木匠生活，老通寶早年是會的；但近來他老了，手指頭沒有勁，他修了一會兒，抬起頭來喘氣，又望望屋裡掛在竹竿上的三張蠶種。

四大娘就在廊簷口糊「蠶簟」。去年他們為的想省幾百

文錢，是買了舊報紙來糊的。老通寶直到現在還說是因爲用了報紙 —— 不惜字紙，所以去年他們的蠶花不好。今年是特地全家少吃一餐飯，省下錢來買了「糊簞紙」來了。四大娘把那鵝黃色堅韌的紙兒糊得很平貼，然後又照品字式糊上三張小小的花紙 —— 那是跟「糊簞紙」一塊兒買來的，一張印的花色是「聚寶盆」，另兩張都是手執尖角旗的人兒騎在馬上，據說是「蠶花太子。」

「四大娘！你爸爸做中人借來三十塊錢，就只買了二十擔葉。後天米又吃完了，怎麼辦？」

老通寶氣喘喘地從他的工作裡抬起頭來，望著四大娘。那三十塊錢是二分半的月息。總算有四大娘的父親張財發做中人，那債主也就是張財發的東家「做好事」，這才只要了二分半的月息。條件是蠶事完後本利歸清。

四大娘把糊好了的「蠶簞」放在太陽底下曬，好像生氣似的說：

「都買了葉！又像去年那樣多下來 ——」

「什麼話！你倒先來發利市了！年年像去年麼？自家只有十來擔葉；五張布子（蠶種），十來擔葉夠麼？」

「噢，噢；你總是不錯的！我只曉得有米燒飯，沒米餓肚子！」

四大娘氣哄哄地回答；爲了那「洋種」問題，她到現在常要和老通寶抬槓。

老通寶氣得臉都紫了。兩個人就此再沒有一句話。

但是「收蠶」的時期一天一天逼進了。這二三十人家的小村落突然呈現了一種大緊張，大決心，大奮鬥，同時又是

大希望。人們似乎連肚子餓都忘記了。老通寶他們家東借一點，西賒一點，居然也一天一天過著來。也不僅老通寶他們，村裡哪一家有兩三斗米放在家裡呀！去年秋收固然還好，可是地主、債主、正稅、雜捐，一層一層地剝削來，早就完了。現在他們唯一的指望就是春蠶，一切臨時借貸都是指明在這「春蠶收成」中償還。

他們都懷著十分希望又十分恐懼的心情來準備這春蠶的大搏戰！

「谷雨」節一天近一天了。村裡二三十人家的「布子」都隱隱現出綠色來。女人們在稻場上碰見時，都匆匆地帶著焦灼而快樂的口氣互相告訴道：

「六寶家快要『窩種』了呀！」

「荷花說她家明天就要『窩』了。有這麼快！」

「黃道士去測一字，今年的青葉要貴到四洋！」

四大娘看自家的五張「布子」。不對！那黑芝麻似的一片細點子還是黑沉沉，不見綠影。她的丈夫阿四拿到亮處去細看，也找不出幾點，「綠」來。四大娘很著急。

「你就先『窩』起來罷！這餘杭種，作興是慢一點的。」

阿四看著他老婆，勉強自家寬慰。四大娘堵起了嘴巴不回答。

老通寶哭喪著乾皺的老臉，沒說什麼，心裡卻覺得不妙。

幸而再過了一天，四大娘再細心看那「布子」時，哈，有幾處轉成綠色了！而且綠得很有光彩。四大娘立刻告訴了丈夫，告訴了老通寶，多多頭，也告訴了她的兒子小寶。她就把那些布子貼肉搵在胸前，抱著吃奶的嬰孩似的靜靜兒坐

著，動也不敢多動了。夜間，她抱著那五張「布子」到被窩裡，把阿四趕去和多多頭做一床。那「布子」上密密麻麻的蠶子兒貼著肉，怪癢癢的；四大娘很快活，又有點兒害怕，她第一次懷孕時胎兒在肚子裡動，她也是那樣半驚半喜的！

全家都是惴惴不安地又很興奮地等候「收蠶」。只有多多頭例外。他說：今年蠶花一定好，可是想發財卻是命裡不曾來。老通寶罵他多嘴，他還是要說。

蠶房早已收拾好了。「窩種」的第二天，老通寶拿一個大蒜頭塗上一些泥，放在蠶房的牆腳邊；也是年年的慣例，但今番老通寶更加虔誠，手也抖了。去年他們「卜」的非常靈驗。可是去年那「靈驗」，現在老通寶想也不敢想。

現在這村裡家家都在「窩種」了。稻場上和小溪邊頓時少了那些女人們的蹤跡。一個「戒嚴令」也在無形中頒布了：鄉農們即使平日是最好的，也不往來；人客來沖了蠶神不是玩的！他們至多在稻場上低聲交談一二句就走開。這是個「神聖」的季節。

老通寶家的五張布子上也有些「烏娘」蠕蠕地動了。於是全家的空氣，突然緊張。那正是「穀雨」前一日。四大娘料來可以挨過了「穀雨」節那一天。布子不須再「窩」了，很小心地放在「蠶房」裡。老通寶偷眼看一下那個躺在牆腳邊的大蒜頭，他心裡就一跳。那大蒜頭上還只有一兩莖綠芽！老通寶不敢再看，心裡禱祝後天正午會有更多更多的綠芽。

終於「收蠶」的日子到了。四大娘心神不定地淘米燒飯，時時看飯鍋上的熱氣有沒有直衝上來。老通寶拿出預先買了來的香燭點起來，恭恭敬敬放在灶君神位前。阿四和阿多去

到田裡採野花。小小寶幫著把燈芯草剪成細末子，又把採來的野花揉碎。一切都準備齊全了時，太陽也近午刻了，飯鍋上水蒸氣嘟嘟地直衝，四大娘立刻跳了起來，把「蠶花」和一對鵝毛插在髮髻上，就到「蠶房」裡。老通寶拿著秤桿，阿四拿了那揉碎的野花片兒和燈芯草碎末。四大娘揭開「布子」，就從阿四手裡拿過那野花碎片和燈芯草末子撒在「布子」上，又接過老通寶手裡的秤桿來，將「布子」挽在秤桿上，於是拔下髮髻上的鵝毛在「布子」上輕輕兒拂；野花片，燈芯草末子，連同「烏娘」，都拂在那「蠶簞」裡了。一張，兩張，……都拂過了；最後一張是洋種，那就收在另一個「蠶簞」裡。末了，四大娘又拔下髮髻上那朵「蠶花」，跟鵝毛一塊插在「蠶簞」的邊兒上。

這是一個隆重的儀式！千百年相傳的儀式！那好比是誓師典禮，以後就要開始了一個月光景的和惡劣的天氣和惡運以及和不知什麼的連日連夜無休息的大決戰！

「烏娘」在「蠶簞」裡蠕動，樣子非常強健；那黑色也是很正路的。四大娘和老通寶他們都放心地鬆一口氣了。但當老通寶悄悄地把那個「命運」的大蒜頭拿起來看時，他的臉色立刻變了！大蒜頭上還只得三四莖嫩芽！天哪！難道又同去年一樣？

三

然而那「命運」的大蒜頭這次竟不靈驗。老通寶家的蠶非常好！雖然頭眠二眠的時候連天陰雨，氣候是比「清明」邊似乎還要冷一點，可是那些「寶寶」都很強健。

　　村裡別人家的「寶寶」也都不差。緊張的快樂瀰漫了全村莊，似那小溪裡琮琮的流水也像是朗朗的笑聲了。只有荷花家是例外。她們家看了一張「布子」，可是「出火」只稱得二十斤；「大眠」快邊人們還看見那不聲不響晦氣色的丈夫根生傾棄了三「蠶簞」在那小溪裡。

　　這一件事，使得全村的婦人對於荷花家特別「戒嚴」。她們特地避路，不從荷花的門前走，遠遠的看見了荷花或是她那不聲不響丈夫的影兒就趕快躲開；這些幸運的人兒惟恐看了荷花他們一眼或是交談半句話就傳染了晦氣來！

　　老通寶嚴禁他的小兒子多多頭跟荷花說話。──「你再跟那東西多嘴，我就告你忤逆！」老通寶站在廊簷外高聲大氣喊，故意要叫荷花他們聽得。

　　小小寶也受到嚴厲的囑咐，不許跑到荷花家的門前，不許和他們說話。

　　阿多像一個聾子似的不理睬老頭子那早早夜夜的嘮叨，他心裡卻在暗笑。全家就只有他不大相信那些鬼禁忌。可是他也沒有跟荷花說話，他忙都忙不過來。

　　「大眠」捉了毛三百斤，老通寶全家連十二歲的小寶也在內，都是兩日兩夜沒有合眼。蠶是少見的好，活了六十歲的老通寶記得只有兩次是同樣的，一次就是他成家的那年，又一次是阿四出世那一年。「大眠」以後的「寶寶」第一天就吃了七擔葉，個個是生青滾壯，然而老通寶全家都瘦了一圈，失眠的眼睛上充滿了紅絲。

　　誰也料得到這些「寶寶」上山前還得吃多少葉。老通寶和兒子阿四商量了：

「陳大少爺借不出，還是再求財發的東家罷？」

「地頭上還有十擔葉，夠一天。」

阿四回答，他委實是支撐不住了，他的一雙眼皮像有幾百斤重，只想闔下來。老通寶卻不耐煩了，怒聲喝道：

「說什麼夢話！剛吃了兩天老蠶呢。明天不算，還得吃三天，還要三十擔葉，三十擔！」

這時外邊稻場上忽然人聲喧鬧，阿多押了新發來的五擔葉來了。於是老通寶和阿四的談話打斷，都出去「捋葉」。四大娘也慌忙從蠶房裡鑽出來。隔溪陸家養的蠶不多，那大姑娘六寶抽得出工夫，也來幫忙了。那時星光滿天，微微有點風，村前村後都斷斷續續傳來了吆喝和歡笑，中間有一個粗暴的聲音嚷道：

「葉行情飛漲了！今天下午鎮上開到四洋一擔！」

老通寶偏偏聽得了，心裡急得什麼似的。四塊錢一擔，三十擔可要一百二十塊呢，他哪來這許多錢！但是想到繭子總可以採五百多斤，就算五十塊錢一百斤，也有這麼二百五，他又心一寬。那邊「捋葉」的人堆裡忽然又有一個小小的聲音說：

「聽說東路不大好，看來葉價錢漲不到多少的！」

老通寶認得這聲音是陸家的六寶。這使他心裡又一寬。

那六寶是和阿多同站在一個筐子邊「捋葉」。在半明半暗的星光下，她和阿多靠得很近。忽然她覺得在那「槓條」的隱蔽下，有一隻手在她大腿上擰了一把。好像知道是誰擰的，她忍住了不笑，也不聲張。驀地那手又在她胸前摸了一把，六寶直跳起來，出驚地喊了一聲：

「噯喲！」

「什麼事？」

同在那筐子邊捋葉的四大娘問了，抬起頭來。六寶覺得自己臉上熱烘烘了，她偷偷地瞪了阿多一眼，就趕快低下頭，很快地捋葉，一面回答：

「沒有什麼。想來是毛毛蟲刺了我一下。」

阿多咬住了嘴唇暗笑。雖然在這半個月來也是半飽而且少睡，也瘦了許多了，他的精神可還是很飽滿。老通寶那種憂愁，他是永遠沒有的。他永不相信靠一次蠶花好或是田裡熟，他們就可以還清了債再有自己的田；他知道單靠勤儉工作，即使做到背脊骨折斷也是不能翻身的。但是他仍舊很高興地工作著，他覺得這也是一種快活，正像和六寶調情一樣。

第二天早上，老通寶就到鎮裡去想法借錢來買葉。臨走前，他和四大娘商量好，決定把他家那塊出產十五擔葉的桑地去抵押。這是他家最後的產業。

葉又買來了三十擔。第一批的十擔發來時，那些壯健的「寶寶」已經餓了半點鐘了。「寶寶」們尖出了小嘴巴，向左向右亂晃，四大娘看得心酸。葉鋪了上去，立刻蠶房裡充滿著薩薩薩的響聲，人們說話也不大聽得清。不多一會兒，那些「團扁」裡立刻又全見白了，於是又鋪上厚厚的一層葉。人們單是「上葉」也就忙得透不過氣來。但這是最後五分鐘了。再得兩天，「寶寶」可以上山。人們把剩餘的精力榨出來拚死命幹。

阿多雖然接連三日三夜沒有睡，卻還不見怎麼倦。那一夜，就由他一個人在「蠶房」裡守那上半夜，好讓老通寶以

及阿四夫婦都去歇一歇。那是個好月夜，稍稍有點冷。蠶房裡熱了一個小小的火。阿多守以二更過，上了第二次的葉，就蹲在那個「火」旁邊聽那些「寶寶」薩薩薩地吃葉。漸漸兒他的眼皮合上了。恍惚聽得有門響，阿多的眼皮一跳，睜開眼來看了看，就又合上了。他耳朵裡還聽得薩薩薩的聲音和屑索屑索的怪聲。猛然一個踉蹌，他的頭在自己膝頭上磕了一下，他驚醒過來，恰就聽得蠶房的蘆簾拍叉一聲響，似乎還看見有人影一閃。阿多立刻跳起來，到外面一看，門是開著，月光下稻場上有一個人正走向溪邊去。阿多飛也似跳出去，還沒看清那人是誰，已經把那人抓過來摔在地下。他斷定了這是一個賊。

「多多頭！打死我也不怨你，只求你不要說出來！」

是荷花的聲音，阿多聽真了時不禁渾身的汗毛都豎了起來。月光下他又看見那扁得作怪的白臉兒上一對細圓的眼睛定定地看住了他。可是恐怖的意思那眼睛裡也沒有。阿多哼了一聲，就問道：

「你偷什麼？」

「我偷你們的寶寶！」

「放到哪裡去了？」

「我扔到溪裡去了！」

阿多現在也變了臉色。他這才知道這女人的惡意是要沖剋他家的「寶寶」。

「你真心毒呀！我們家和你們可沒有冤仇！」

「沒有麼？有的，有的！我家自管蠶花不好，可並沒害了誰，你們都是好的！你們怎麼把我當作白老虎，遠遠地望

見我就別轉了臉？你們不把我當人看待！」

那婦人說著就爬了起來，臉上的神氣比什麼都可怕。阿多瞅著那婦人好半晌，這才說道：

「我不打你，走你的罷！」

阿多頭也不回的跑回家去，仍在「蠶房」裡守著。他完全沒有睡意了。他看那些「寶寶」，都是好好的。他並沒想到荷花可恨或可憐，然而他不能忘記荷花那一番話；他覺到人和人中間有什麼地方是永遠弄不對的，可是他不能夠明白想出來是什麼地方，或是為什麼。再過一會兒，他就什麼都忘記了。「寶寶」身強健的，像有魔法似的吃了又吃，永遠不會飽！

以後直到東方快打白了時，沒有發生事故。老通寶和四大娘來替換阿多了，他們拿那些漸漸身體發白而變短了的「寶寶」在亮處照著，看是「有沒有通」。他們的心被快活脹大了。但是太陽出山時四大娘到溪邊汲水，卻看見六寶滿臉嚴重地跑過來悄悄地問道：

「昨夜二更過，三更不到，我遠遠地看見那騷貨從你們家跑出來，阿多跟在後面，他們站在這裡說了半天話呢！四阿嫂！你們怎麼不管事呀？」

四大娘的臉色立刻變了，一句話也沒說，提了水桶就回家去，先對丈夫說了，再對老通寶說。這東西竟偷進人家「蠶房」來了，那還了得！老通寶氣得直跺腳，馬上叫了阿多來查問。但是阿多不承認，說六寶是做夢見鬼。老通寶又去找六寶詢問。六寶是一口咬定了看見的。老通寶沒有主意，回家去看那「寶寶」，仍然是很健康，瞧不出一些敗相來。

　　但是老通寶他們滿心的歡喜卻被這件事打消了。他們相信六寶的話不會毫無根據。他們唯一的希望是那騷貨或者只在廊簷口和阿多鬼混了一陣。

　　「可是那大蒜頭上的苗卻當真只有三四莖呀！」

　　老通寶自心裡這麼想，覺得前途只是陰暗。可不是，吃了許多葉去，一直落來都很好，然而上了山卻乾僵了的事，也是常有的。不過老通寶無論如何不敢想到這上頭去；他以為即使是肚子裡想，也是不吉利。

四

　　「寶寶」都上山了，老通寶他們還是捏著一把汗。他們錢都花光了，精力也絞盡了，可是有沒有報酬呢，到此時還沒有把握。雖則如此，他們還是硬著頭皮去幹。「山棚」下爇了火，老通寶和阿四他們偏著腰慢慢地從這邊蹲到那邊，又從那邊蹲到這邊。他們聽得山棚上有些屑屑索索的細聲音，他們就忍不住想笑，過一會兒又不聽得了，他們的心就重匈匈地往下沉了。這樣地，心是焦灼著，卻不敢向山棚上望。偶或他們仰著的臉上淋到了一滴蠶尿了，雖然覺得有點難過，他們心裡卻快活；他們巴不得多淋一些。

　　阿多早已偷偷地挑開「山棚」外圍著的蘆簾望過幾次了。小小寶看見，就扭住了阿多，問「寶寶」有沒有做繭子。阿多伸出舌頭做一個鬼臉，不回答。

　　「上山」後三天，熄火了。四大娘再也忍不住，也偷偷地挑開蘆簾角看了一眼，她的心立刻卜卜地跳了。那是一片

雪白，幾乎連「綴頭」都瞧不見；那是四大娘有生以來從沒
有見過的「好蠶花」呀！老通寶全家立刻充滿了歡笑。現在
他們一顆心定下來了！「寶寶」們有良心，四洋一擔的葉不
是白吃的；他們全家一個月的忍餓失眠總算不冤枉，天老爺
有眼睛！

　　同樣的歡笑聲在村裡到處都起來了。今年蠶花娘娘保佑
這小小的村子。二三十人家都可以採到七八分，老通寶家更
是比眾不同，估量來總可以採一個十二三分。

　　小溪邊和稻場上現在又充滿了女人和孩子們。這些人都
比一個月前瘦了許多，眼眶陷進了，嗓子也發沙，然而都很
快活興奮。她們嘈嘈地談論那一個月內的「奮鬥」時，她們
的眼前便時時現出一堆堆雪白的洋錢，她們那快樂的心裡便
時時閃過了這樣的盤算：夾衣和夏衣都在當鋪裡，這可先得
贖出來；過端陽節也許可以吃一條黃魚。

　　那晚上荷花和阿多的把戲也是她們談話的資料。六寶見
了人就宣傳荷花的「不要臉，送上門去！」男人們聽了就粗
暴地笑著，女人們唸一聲佛，罵一句，又說老通寶家總算幸
氣，沒有犯剋，那是菩薩保佑，祖宗有靈！

　　接著是家家都「浪山頭」了，各家的至親好友都來「望
山頭」。老通寶的親家張財發帶了小兒子阿九特地從鎮上來
到村裡。他們帶來的禮物，是軟糕、線粉、梅子、枇杷，也
有鹹魚。小小寶快活得好像雪天的小狗。

　　「通寶，你是賣繭子呢，還是自家做絲？」

　　張老頭子拉老通寶到小溪邊一棵楊柳樹下坐了，這麼悄
悄地問。這張老頭子張財發是出名「會尋快活」的人，他從

鎮上城隍廟前露天的「說書場」聽來了一肚子的疙瘩東西；尤其爛熟的，是「十八路反王，七十二處煙塵」，程咬金賣柴扒，販私鹽出身，瓦崗寨做反王的《隋唐演義》。他向來說話「沒正經」，老通寶是知道的；所以現在聽得問是賣繭子或者自家做絲，老通寶並沒把這話看重，只隨口回答道：

「自然賣繭子。」

張老頭子卻拍著大腿歎一口氣。忽然他站了起來，用手指著村外那一片禿頭桑林後面礐露出來的繭廠的風火牆說道：

「通寶，繭子是採了，那些繭廠的大門還關得緊洞洞呢！今年繭廠不開秤！──十八路反王早已下凡，李世民還沒出世；世界不太平！今年繭廠關門，不做生意！」

老通寶忍不住笑了，他不肯相信。他怎麼能夠相信呢？難道那「五步一崗」似的比露天毛坑還要多的繭廠會一齊都關了門不做生意？況且聽說和東洋人也已「講攏」，不打仗了，繭廠裡駐的兵早已開走。

張老頭子也換了話，東拉西扯講鎮裡的「新聞」，夾著許多「說書場」上聽來的什麼秦叔寶，程咬金。最後，他代他的東家催那三十塊錢的債，為的他是「中人」。

然而老通寶到底有點不放心。他趕快跑出村去，看看「塘路」上最近的兩個繭廠，果然大門緊閉，不見半個人；照往年說，此時應該早已擺開了櫃台，掛起了一排烏亮亮的大秤。

老通寶心裡也著慌了，但是回家去看見了那些雪白髮光很厚實硬鼓鼓的繭子，他又忍不住嘻開了嘴。上好的繭子！會沒有人要，他不相信。並且他還要忙著採繭，還要謝「蠶

花利市」，他漸漸不把繭廠的事放在心上了。

可是村裡的空氣一天一天不同了。才得笑了幾聲的人們現在又都是滿臉的愁雲。各處繭廠都沒開門的消息陸續從鎮上傳來，從「塘路」上傳來。往年這時候，「收繭人」像走馬燈似的在村裡巡迴，今年沒見半個「收繭人」，卻換替著來了債主和催糧的差役。請債主們就收了繭子罷，債主們板起面孔不理。

全村子都是嚷罵、詛咒，和失望的歎息！人們做夢也不會想到今年「蠶花」好了，他們的日子卻比往年更加困難。這在他們是一個青天的霹靂！並且愈是像老通寶他們家似的，蠶愈養得多，愈好，就愈加困難，——「真正世界變了！」老通寶捶胸跺腳地沒有辦法。然而繭子是不能擱久了的，總得趕快想法：不是賣出去，就是自家做絲。村裡有幾家已經把多年不用的絲車拿出來修理，打算自家把繭做成了絲再說。六寶家也打算這麼辦。老通寶便也和兒子媳婦商量道：

「不賣繭子了，自家做絲！什麼賣繭子，本來是洋鬼子行出來的！」

「我們有四百多斤繭子呢，你打算擺幾部絲車呀！」

四大娘首先反對了。她這話是不錯的。五百斤的繭子可不算少，自家做絲萬萬幹不了。請幫手麼？那又得花錢。阿四是和他老婆一條心。阿多抱怨老頭子打錯了主意，他說：

「早依了我的話，扣住自己的十五擔葉，只看一張洋種，多麼好！」

老通寶氣得說不出話來。

終於一線希望忽又來了。同村的黃道士不知從哪裡得的

消息，說是無錫腳下的繭廠還是照常收繭。黃道士也是一樣的種田人，並非吃十方的「道士」，向來和老通寶最說得來。於是老通寶去找那黃道士詳細問過了以後，便又和兒子阿四商量把繭子弄到無錫腳下去賣。老通寶虎起了臉，像吵架似的嚷道：

「水路去有三十多九呢！來回得六天！他媽的！簡直是充軍！可是你有別的辦法麼？繭子當不得飯吃，蠶前的債又逼緊來！」

阿四也同意了。他們去借了一條赤膊船，買了幾張蘆席，趁那幾天正是好晴，又帶了阿多。他們這賣繭子的「遠征軍」就此出發。

五天以後，他們果然回來了；但不是空船，船裡還有一筐繭子沒有賣出。原來那三十多九水路遠的繭廠挑剔得非常苛刻：洋種繭一擔只值三十五元，土種繭一擔二十元，薄繭不要。老通寶他們的繭子雖然是上好的貨色，卻也被繭廠裡挑剩了那麼一筐，不肯收買。老通寶他們實賣得一百十一塊錢，除去路上盤川，就剩了整整的一百元，不夠償還買青葉所借的債！老通寶路上氣得生病了，兩個兒子扶他到家。

打回來的八九十斤繭子，四大娘只好自家做絲了。她到六寶家借了絲車，又忙了五六天。家裡米又吃完了。叫阿四拿那絲上鎮裡去賣，沒有人要；上當鋪當鋪也不收。說了多少好話，總算把清明前當在那裡的一石米換了出來。

就是這麼著，因為春蠶熟，老通寶一村的人都增加了債！老通寶家為的養了五張布子的蠶，又採了十多分的好繭子，就此白賠上十五擔葉的桑地和三十塊錢的債！一個月光景的

忍饑熬夜還不算！

延伸閱讀資料

王德威：《茅盾，老舍，沈從文：寫實主義與現代中國小說》，
　　台北：麥田出版社，2009 年

丁爾綱：《子夜下的孤燈背影：我看茅盾》，台北：雅書堂
　　文化出版社，2003 年

茅盾：《子夜》，台北：里仁書局，2001 年

劉煥林、李瓊仙編選：《中國新文學大師名作賞析：茅盾》，
　　台北：海風出版社，1994 年

沈衛威：《艱辛的人生：茅盾傳》，台北：業強出版社，1991
　　年

老　舍

老　舍（1899－1966）

老舍，本名舒慶春，字舍予，1899 年初生於北京一個旗人的家庭。父親早死，家境貧寒，靠人資助才得以進私塾讀書。1913 年考入免費供給膳宿的北京師範學校，畢業後，任南開中學教員。1924年得燕京大學英籍教授艾溫士推薦，赴英國倫教大學束方學院任華語教師，得以大量閱讀西方近現代名家的作品，並開始寫作小說。1929 年回國。1966 年文革中受紅衛兵侮辱，投湖自盡，享壽 67 歲。

老舍的創作以小說為主，著名長篇有《老張的哲學》、《二馬》、《貓城記》、《離婚》、《牛天賜傳》、《駱駝祥子》、《四世同堂》等，《駱駝祥子》是其代表作。1949 年以後，老舍的創作轉為以戲劇為主，其中發表於 1957 年的三幕話劇《茶館》廣受好評，至今在大陸上演不衰。

老舍的創作題材多取自城市（尤其是北京）下層居民的生活，他以一種同情然而冷峻的寫實筆調寫出他們的貧窮與卑陋，失敗的努力與最終的墮落，反映出人性的脆弱與在不良環境逼迫下的強烈扭曲。他筆下的人物眾多，三教九流，三姑六婆，塑造了豐富的市民人物性格。此外，他的小說敘事技巧受西方小說影響很深，但語言文字卻有道地的中國味（北京味），明快鋒利，具有笑裡藏鋒的幽默風格。

老字號

老　舍

　　錢掌櫃走後，辛德治 ── 三合祥的大徒弟，現在很拿點事 ── 好幾天沒正經吃飯。錢掌櫃是綢緞行公認的老手，正如三合祥是公認的老字號。辛德治是錢掌櫃手下教練出來的人。可是他並不專因私人的感情而這樣難過，也不是自己有什麼野心。他說不上來為什麼這樣怕，好像錢掌櫃帶走了一些永難恢復的東西。

　　周掌櫃到任。辛德治明白了，他的恐怖不是虛的；「難過」幾乎要改成咒罵了。周掌櫃是個「野雞」，三合祥 ── 多少年的老字號！ ── 要滿街拉客了！辛德治的嘴撇得像個煮破了的餃子。老手，老字號，老規矩──都隨著錢掌櫃的走了，或者永遠不再回來。錢掌櫃，那樣正直，那樣規矩，把買賣作賠了。東家不管別的，只求年底下多分紅。

　　多少年了，三合祥是永遠那麼官樣大氣：金匾黑字，綠裝修，黑櫃藍布圍子，大机凳包著藍呢子套，茶几上永遠放著鮮花。多少年了，三合祥除了在燈節才掛上四隻宮燈，垂著大紅穗子沒有任何不合規矩的胡鬧八光。多少年了，三合

祥沒打過價錢，抹過零兒，或是貼張廣告，或者減價半月；三合祥賣的是字號。多少年了，櫃上沒有吸煙卷的，沒有大聲說話的；有點響聲只是老掌櫃的咕嚕水煙與咳嗽。

這些，還有許許多多可寶貴的老氣度，老規矩，由周掌櫃一進門，辛德治看出來，全要完！周掌櫃的眼睛就不規矩，他不低著眼皮，而是滿世界掃，好像找賊呢。人家錢掌櫃，老坐在大杌凳上合著眼，可是哪個夥計出錯了口氣，他也曉得。

果然，周掌櫃 ── 來了還沒有兩天 ── 要把三合祥改成蹦蹦戲的棚子：門前紮起血絲胡拉的一座彩牌，「大減價」每個字有五尺見方，兩盞煤氣燈，把人們照得臉上發綠。這還不夠，門口一檔子洋鼓洋號，從天亮吹到三更；四個徒弟，都戴上紅帽子，在門口，在馬路上，見人就給傳單。這還不夠，他派定兩個徒弟專管給客人送煙遞茶，哪怕是買半尺白布，也往後櫃讓，也遞香煙：大兵，清道夫，女招待，都燒著煙卷，把屋裡燒得像個佛堂。這還不夠，買一尺還饒上一尺，還贈送洋娃娃，夥計們還要和客人隨便說笑；客人要買的，假如櫃上沒有，不告訴人家沒有，而拿出別種東西硬叫人家看；買過十元錢的東西，還打發徒弟送了去，櫃上買了兩輛一走三歪的自行車！

辛德治要找個地方哭一大場去！在櫃上十五六年了，沒想到過 ── 更不用說見過了 ── 三合祥會落到這步天地！怎麼見人呢？合街上有誰不敬重三合祥的？夥計們晚上出來，提著三合祥的大燈籠，連巡警們都另眼看待。那年兵變，三合祥雖然也被搶一空，可是沒像左右的舖戶那樣連門板和「言

無二價」的牌子都被摘了走 —— 三合祥的金匾有種尊嚴！他到城裡已經二十來年了，其中的十五六年是在三合祥，三合祥是他第二家庭，他的說話、咳嗽與藍布大衫的樣式，全是三合祥給他的。他因三合祥、也爲三合祥而驕傲。他給舖子去索債，都被人請進去喝碗茶；三合祥雖是個買賣，可是和照顧主兒們似乎是朋友。錢掌櫃是常給照顧主兒行紅白人情的。三合祥是「君子之風」的買賣：門凳上常坐著附近最體面的人；遇到街上有熱鬧的時候，照顧主兒的女眷們到這裡向老掌櫃借個座兒。這個光榮的歷史，是長在辛德治的心裡的。可是現在？

辛德治也並不是不曉得，年頭是變了。拿三合祥的左右舖戶說，多少家已經把老規矩捨棄，而那些新開的更是提不得的，因爲根本就沒有過規矩。他知道這個。可是因此他更愛三合祥，更替它驕傲。假如三合祥也下了橋，世界就沒了！

哼，現在三合祥和別人家一樣了，假如不是更壞！

他最恨的是對門那家正香村：掌櫃的踏拉著鞋，叼著煙卷，鑲著金門牙。老闆娘背著抱著，好像兜兒裡還帶著，幾個男女小孩，成天出來進去，進去出來，唧唧喳喳，不知喊些什麼。老闆和老闆娘吵架也在櫃上，打孩子，給孩子吃奶，也在櫃上。摸不清他們是作買賣呢，還是幹什麼玩呢，只有老闆娘的胸口老在櫃前陳列著是件無可疑的事兒。那群夥計，不知是從哪兒找來的，全穿著破鞋，可是衣服多半是綢緞的。有的貼著太陽膏，有的頭髮梳得像漆杓，有的戴著金絲眼鏡。再說那份兒厭氣：一年到頭老是大減價，老懸著煤氣燈，老轉動著留聲機。買過兩元錢的東西，老闆便親自讓

客人吃塊酥糖；不吃，他能往人家嘴裡送！什麼東西也沒有一定的價錢，洋錢也沒有一定的行市。辛德治永遠不正眼看「正香村」那三個字，也永不到那邊買點東西。他想不到世上會有這樣的買賣，而且和三合祥正對門！

更奇怪的，正香村發財，而三合祥一天比一天衰微。他不明白這是什麼道理。難道買賣必定得不按著規矩作才行嗎？果然如此，何必學徒呢？是個人就可以作生意了！不能是這樣，不能；三合祥到底是不會那樣的！誰知道竟自來了個周掌櫃，三合祥的與正香村的煤氣燈把街道照青了一大截，它們是一對兒！三合祥與正香村成了一對？！這莫非是作夢麼？不是夢，辛德治也得按著周掌櫃的辦法走。他得和客人瞎扯，他得讓人吸煙，他得把人誑到後櫃，他得拿著假貨當真貨賣，他得等客人爭競才多放二寸，他得用手術量布 —— 手指一捻就抽回來一塊！他不能受這個！

可是多數的夥計似乎願意這麼作。有個女客進來，他們恨不能把她圍上，恨不能把全舖子的東西都搬來給她瞧，等她買完 —— 哪怕是買了二尺捶布 —— 他們恨不能把她送回家去。周掌櫃喜愛這個，他願意夥計們折跟頭、打把式，更好是能在空中飛。

周掌櫃和正香村的老闆成了好朋友。有時候還湊上天成的人們打打「麻將」。天成也是本街上的綢緞店，開張也有四五年了，可是錢掌櫃就始終沒招呼過他們。天成故意和三合祥打對仗，並且吹出風來，非把三合祥頂趴下不可。錢掌櫃一聲也不出，只偶爾說一句：咱們作的是字號。天成一年倒有三百六十五天是紀念日，大減價。現在天成的人們也過

來打牌了。辛德治不能答理他們。他有點空閒，便坐在櫃裡發楞，面對著貨架子 —— 原先架上的布匹都用白布包著，現在用整幅的通天扯地地作裝飾，看著都眼暈，那麼花紅柳綠的！三合祥已經完了，他心裡說。

但是，過了一節，他不能不佩服周掌櫃了。節下報賬，雖然沒賺什麼，可是沒賠。周掌櫃笑著給大家解釋：「你們得記住，這是我的頭一節呀！我還有好些沒施展出來的本事呢。還有一層，紮牌樓，賃煤氣燈……哪個不花錢呢？所以呀！」他到說上勁來的時節總這麼「所以呀」一下。「日後無須紮牌樓了，咱會用更新的，更省錢的辦法，那可就有了賺頭，所以呀！」辛德治看出來，錢掌櫃是回不來了；世界的確是變了。周掌櫃和天成、正香村的人們說得來，他們都是發財的。過了節，檢查日貨嚷嚷動了。周掌櫃瘋了似的上東洋貨。檢查隊已經出動，周掌櫃把東洋貨全擺在大面上，而且下了命令：「進來買主，先拿日本布；別處不敢賣，咱們正好作一批生意。看見鄉下人，明說這是東洋布，他們認這個；對城裡的人，說德國貨。」

檢查隊到了。周掌櫃臉上要笑出幾個蝴蝶兒來，讓吸煙，讓喝茶。「三合祥，沖這三個字，不是賣東洋貨的地方，所以呀！諸位看吧！門口那些有德國布，也有土布；內櫃都是國貨綢緞，小號在南方有聯號，自辦自運。」

大家疑心那些花布。周掌櫃笑了：「張福來，把後邊剩下的那匹東洋布拿來。」

布拿來了。他扯住檢查隊的隊長：「先生，不屈心，只剩下這麼一匹東洋布，跟先生穿的這件大衫一樣的材料，所

以呀！」他回過頭來，「福來，把這匹料子扔到街上去！」

隊長看著自己的大衫，頭也沒抬，便走出去了。

這批隨時可以變成德國貨、國貨、英國貨的日本布賺了一大筆錢。有識貨的人，當著周掌櫃的面，把布扔在地上，周掌櫃會笑著命令徒弟：「拿真正西洋貨去，難道就看不出先生是懂眼的人嗎？」然後對買主：「什麼人要什麼貨，白給你這個，你也不要，所以呀！」於是又作了一號買賣。客人臨走，好像怪捨不得周掌櫃。辛德治看透了，作買賣打算要賺錢的話，得會變戲法、說相聲。周掌櫃是個人物。可是辛德治不想再在這兒幹，他越佩服周掌櫃，心裡越難過。他的飯由脊樑骨下去。打算睡得安穩一些，他得離開這樣的三合祥。

可是，沒等到他在別處找好位置，周掌櫃上天成領東去了。天成需要這樣的人，而周掌櫃也願意去，因為三合祥的老規矩太深了，彷彿是長了根，他不能充分施展他的才能。

辛德治送出周掌櫃去，好像是送走了一塊心病。

對於東家們，辛德治以十五六年老夥計的資格，是可以說幾句話的，雖然不一定發生什麼效力。他知道哪些位東家是更老派一些，他知道怎樣打動他們。他去給錢掌櫃運動，也托出錢掌櫃的老朋友們來幫忙。他不說錢掌櫃的一切都好，而是說錢與周二位各有所長，應當折中一下，不能死守舊法，也別改變的太過火。老字號是值得保存的，新辦法也得學著用。字號與利益兩顧著 —— 他知道這必能打動了東家們。

他心裡，可是，另有個主意。錢掌櫃回來，一切就都回

來，三合祥必定是「老」三合祥，要不然便什麼也不是。他想好了：減去煤氣燈、洋鼓洋號、廣告、傳單、煙卷；至必不得已的時候，還可以減人，大概可以省去一大筆開銷。況且，不出聲而賤賣，尺大而貨物地道。難道人們就都是傻子嗎？

　　錢掌櫃果然回來了。街上只剩了正香村的煤氣燈，三合祥恢復了昔日的肅靜，雖然因為歡迎錢掌櫃而懸掛上那四個宮燈，垂著大紅穗子。

　　三合祥掛上宮燈那天，天成號門口放了兩只駱駝，駱駝身上披滿了各色的緞條，駝峰上安著一明一滅的五彩電燈。駱駝的左右闢了抓彩部，一人一毛錢，湊足了十個人就開彩，一毛錢有得一匹摩登綢的希望。天成門外成了廟會，擠不動的人。真有笑嘻嘻夾走一匹摩登綢的嘛！

　　三合祥的門凳上又罩上藍呢套，錢掌櫃眼皮也不抬，在那裡坐著。夥計們安靜地坐在櫃裡，有的輕輕撥弄算盤珠兒，有的徐緩地打著哈欠，辛德治口裡不說什麼，心中可是著急。半天兒能不進來一個買主。偶爾有人在外邊打一眼，似乎是要進來，可是看看金匾，往天成那邊走去。有時候已經進來，看了貨，因不打價錢，又空手走了。只有幾位老主顧，時常來買點東西；可也有時候只和錢掌櫃說會兒話，慨歎著年月這樣窮，喝兩碗茶就走，什麼也不買。辛德治喜歡聽他們說話，這使他想起昔年的光景，可是他也曉得，昔年的光景，大概不會回來了；這條街只有天成「是」個買賣！

　　過了一節，三合祥非減人不可了。辛德治含著淚和錢掌櫃說：「我一人幹五個人的活，咱們不怕！」老掌櫃也說：

「咱們不怕！」辛德治那晚睡得非常香甜，准備次日幹五個人的活。

　　可是過了一年，三合祥倒給天成了。

延伸閱讀資料

傅光明：《老舍之死及其他》，台北：文史哲出版社，2004 年
張功臣：《老舍與讀書》，台北：婦女與生活社出版，2001 年
老舍：《四世同堂》，台北：時報文化出版公司，2001 年
關紀新：《老舍評傳》，台北：台灣商務印書管，1999 年
王潤華：《老舍小說新論》，台北：東大圖書公司，1995 年

沈從文

沈從文（1902－1988）

沈從文，京派代表作家，本名沈岳煥，1902 年出生在湘西鳳凰縣的一個軍人世家裡。祖母是苗族，母親是土家族。沈從文只在少年時代讀過幾年書，又當過幾年兵，20 歲到北京，完全靠著天分與自學，成為中國現代文學史上一位極重要的作家。1949 年以後沈從文封筆不再創作，改作古代文物研究，出版《中國古代服飾研究》等學術專著。1988 年在北京逝世，享壽 86 歲。

　　沈從文在三、四○年代是一個別樹一幟的作家。他始終堅持文學自身的尊嚴與獨立，拒絕為任何特定的黨派與意識形態服務，因而與風靡一時的左派文藝格格不入；在創作上，他堅持對人性光明面的信仰，甚至帶著一種天真的烏托邦式的熱情，謳歌自然健康的人性，與五四以後熱中揭示社會病態的流行風氣相左。在現代小說史上，他形成了抒情體小說的藝術風格，不重情節的設計與人物的刻畫，而以感覺、情緒、氛圍的營造為主，釀就出一種清新田園的牧歌情調。

　　沈從文是一個多產作家，有小說及散文集四十餘種。小說中，長篇《邊城》是其代表作，短篇如〈柏子〉、〈三三〉、〈八駿圖〉皆膾炙人口。散文則以《從文自傳》與《湘西》最有名。

蕭　蕭

沈從文

鄉下人吹嗩吶接媳婦，到了十二月是成天有的事情。

嗩吶後面一頂花轎，四個伕子平平穩穩的抬著，轎中人被銅鎖鎖在裡面，雖穿了平時不上過身的體面紅綠衣裳，也仍然得荷荷大哭。在這些小女人心中，做新娘子，從母親身邊離開，且準備作他人的母親，從此將有許多新事情等待發生。像做夢一樣，將同一個陌生男子漢在一個床上睡覺，做著承宗接祖的事情，當然十分害怕，所以照例覺得要哭，就哭了。

也有做媳婦不哭的人。蕭蕭做媳婦就不哭。這女人沒有母親，從小寄養到伯父種田的莊子上，出嫁只是從這家轉到那家。因此到那一天這女人還只是笑。她又不害羞，又不怕，她是什麼事也不知道，就做了人家的媳婦了。

蕭蕭做媳婦時年紀十二歲，有一個小丈夫，年紀三歲。丈夫比她年少九歲，還在吃奶。地方規矩如此，過了門，她喊他做弟弟。她每天應作的事是抱弟弟到村前柳樹下去玩，餓了，餵東西吃，哭了，就哄他，摘南瓜花或狗尾草戴到小丈夫頭上，或者親嘴，一面說：「弟弟，哪，噑。再來，噑。

騙在那滿是骯髒的小臉上親了又親，孩子於是便笑了。孩子一歡喜，會用短短的小手亂抓蕭蕭的頭髮。那是平時不大能收拾蓬蓬鬆鬆到頭上的黃髮。有時垂到腦後一條有紅絨繩作結的小辮兒被拉，生氣了，就撻那弟弟，弟弟自然嗐的哭出聲來，蕭蕭便也裝成要哭的樣子，用手指著弟弟的哭臉，說：「哪，不講理，這可不行！」

　　天晴落雨日子混下去，每日抱抱丈夫，也時常到溪溝裡去洗衣，搓尿片，一面還檢拾有花紋的田螺給坐到身邊的丈夫玩。到了夜裡睡覺，便常常做世界上人所做過的夢，夢到後門角落或別的什麼地方撿得大把大把銅錢，吃好東西，爬樹，自己變成魚到水中溜扒，或一時彷彿很小很輕，身子飛到天上眾星中，沒有一個人，只是一片白，一片金光，於是大喊「媽！」人醒了。醒來心還只是跳。吵了隔壁的人，就罵著：「瘋子，你想什麼！」卻不作聲只是咕咕笑著。也有很好很爽快的夢，為丈夫哭醒的事。那丈夫本來晚上在自己母親身邊睡，吃奶方便，但是吃多了奶，或因另外情形，半夜大哭，起來放水拉稀是常有的事。丈夫哭到婆婆不能處置，於是蕭蕭輕腳輕手爬起來，眼屎矇矓，走到床邊，把人抱起，給他看燈光，看星光。或者仍然唪唪的親嘴，互相覷著，孩子氣的「嗨嗨，看貓呵」那樣喊著哄著。於是丈夫笑了。慢慢的闔上眼。人睡了，放上床，站在床邊看著，聽遠處一傳一遞的雞叫，知道天快到什麼時候了。於是仍然蜷到小床上睡去。天亮了，雖不做夢，卻可以無意中閉眼開眼，看一陣空中黃金顏色變幻無端的葵花。

　　蕭蕭嫁過了門，做了拳頭大丈夫的媳婦，一切並不比先

前受苦，這只看她半年來身體發育就可明白。風裡雨裡過日子，像一株長在園角落不爲人注意的蓖麻，大葉大枝，日增茂盛。這小女人簡直是全不爲丈夫設想那麼似的長大起來了。

夏夜光景說來如做夢。坐到院心，揮搖蒲扇，看天上的星同屋角的螢，聽南瓜棚上紡織娘子咯咯咯拖長聲音紡車，禾花風脩脩吹到臉上，正是讓人在自己方便中說笑話的時候。

蕭蕭好高，一個人常常爬到草料堆上去，抱了已經熟睡的丈夫在懷裡，輕輕的輕輕的隨意唱著那使自己也快要睡去的歌。

在院中，公公婆婆，祖父祖母，另外還有幫工漢子兩個，散亂的坐，小板凳無一作空。

祖父身邊有煙包，在黑暗中放光。這用艾蒿作成的長火繩，是驅逐長腳蚊東西，蜷在祖父腳邊，就如一條黑色長蛇。

想起白天場上的事，那祖父開口說話：

「聽三金說前天有女學生過路。」

大家就哄然笑了。

這笑的意義何在？只因爲大家都知道女學生沒有辮子，像個尼姑，穿的衣服又像洋人，吃的，用的……總而言之一想起來就覺得怪可笑！

蕭蕭不大明白，她不笑。所以祖父又說話了。他說：

「蕭蕭，你將來也會做女學生！」

大家於是更哄然大笑起來。

蕭蕭爲人並不愚蠢，覺得這一定是不利於己的一件事情了，所以接口便說：

「我不做女學生！」

「不做可不行。」

「我不做。」

眾口一聲的說：「非做女學生不行！」

女學生這東西，在本鄉的確永遠是奇聞。每年熱天，據說放「水」假日子一到，便有三三五五女學生，由一個荒謬不經的熱鬧地方來，到另一個遠地方去，取道從本地過身，從鄉下人眼中看來，這些人皆近於另一世紀中活下的人，裝扮如怪如神，行為也不可思議。這種人過身時，使一村人皆可以說一整天的笑話。

祖父是當地人物，因為想起所知道的女學生在大城中的生活情形，所以說笑話要蕭蕭也去作女學生。一面聽到這話就感覺一種打哈哈趣味，一面還有那被說的蕭蕭感覺一種惶恐，說這話的不為無意義了。

女學生由祖父方面所知道的是這樣一種人：她們穿衣服不管天氣冷暖，吃東西不問飢飽，晚上交到子時才睡覺，白天正經事全不作，只知唱歌打球，讀洋書。她們一年用的錢可以買十六隻水牛。她們在省裡京裡想往什麼地方去時，不必走路，只要鑽進一個大匣子中，那匣子就可以帶她到地。她們在學校，男女一處上課，人熟了，就隨意同那男子睡覺，也不要媒人，也不要財禮，名叫「自由」。她們也做官；做縣官，帶家眷上任，男子仍然喊作老爺，小孩子叫少爺。她們自己不養牛，卻吃牛奶羊奶，如小牛小羊，買那奶時是用鐵罐盛的。她們無事時到一個唱戲地方去，那地方完全像個大廟，從衣袋中取出一塊洋錢來（那洋錢在鄉下可買五隻母雞），買了一小方紙片兒，拿了那紙片到裡面去，就可以坐

下看洋人扮演影子戲。她們被冤了，不賭咒，不哭。她們年紀有老到二十四歲還不肯嫁人的，有老到三十四五還好意思嫁人的。她們不怕男子，男子不能使她們受委屈，一受委屈就上衙門打官司，要官罰男子的款，這筆錢她可以同官平分。她們不洗衣煮飯，有了小孩子也只化五塊錢或十塊錢一月，雇人專管小孩，自己仍然整天看戲打牌……

總而言之，說來都希奇古怪，豈有此理。這時經祖父一爲說明，聽過這話的蕭蕭，心中卻忽然有了一種模模糊糊的願望，以爲倘若她也是個女學生，她是不是照祖父說的女學生一個樣子去做那些事？不管好歹，做女學生極有趣味，因此一來卻已爲這鄉下姑娘體念到了。

因爲聽祖父說起女學生是怎樣的人物，到後蕭蕭獨自笑得特別久。笑夠了時，她說：

「祖爹，明天有女學生過路，你喊我，我要看。」

「你看，她們捉你去作丫頭。」

「我不怕她們。」

「她們讀洋書你不怕？」

「我不怕。」

「她們咬人你不怕？」

「也不怕。」

可是這時節蕭蕭手上所抱的丈夫，不知爲什麼，在睡夢中哭了，媳婦用作母親的聲勢，半哄半嚇說：

「弟弟，弟弟，不許哭，不許哭，女學生咬人來了。」

丈夫還仍然哭著，得抱起各處走走。蕭蕭抱著丈夫離開了祖父，祖父同人說另外一樣話去了。

　　蕭蕭從此以後心中有個「女學生」。做夢也便常常夢到女學生，且夢到同這些人並排走路。彷彿也坐過那種自己會走路的匣子，她又覺得這匣子並不比自己跑路更快。在夢中那匣子的形體同谷倉差不多，裡面有小小灰色老鼠，眼珠子紅紅的。

　　因為有這樣一段經過，祖父從此喊蕭蕭不喊「小丫頭」，不喊「蕭蕭」，卻喚作「女學生」。在不經意中蕭蕭答應得很好。

　　鄉下裡日子也如世界上一般日子，時時不同。世界上人把日子糟蹋，和蕭蕭一類人家把日子各惜是同樣的，各人皆有所得，各人皆為命定。城市中文明人，把一個夏天全消磨到軟綢衣服精美飲料以及種種好事情上面。蕭蕭的一家，因為一個夏天，卻得了十多斤細麻，二三十擔瓜。作小媳婦的蕭蕭，一個夏天中，一面照料丈夫，一面還績了細麻四斤。這時工人摘瓜，在瓜間玩，看碩大如盆上面滿是灰粉的大南瓜，成排成堆擺到地上，很有趣味。時間到摘瓜，秋天已來了，院子中各處有從屋後林子裡樹上吹來的大紅大黃木葉。蕭蕭在瓜旁站定，手拿木葉一束，為丈夫編小笠帽玩。工人中有個名叫花狗，抱了蕭蕭的丈夫到棗樹下去打棗子。小小竹桿打在棗樹上，落棗滿地。

　　「花狗大，莫打了，太多了吃不完。」

　　雖這樣喊，還不動身。到後，彷彿完全因為丈夫要棗子，花狗纔不聽話。蕭蕭於是又喊他那小丈夫：

　　「弟弟，弟弟，來，不許撿了。吃多了生東西肚子痛！」

　　丈夫聽話，兜了一堆棗子向蕭蕭身邊走來，請蕭蕭吃棗

子。

「姊姊吃，這是大的。」

「我不吃。」

「要吃一顆！」

她兩手那裡有空！木葉帽正在製邊，工夫要緊，還正要個人幫忙！

「弟弟，把棗子餵我口裡。」丈夫照她的命令作事，作完了覺得有趣，哈哈大笑。她要他放下棗子幫忙捏緊帽邊，便於添加新木葉。丈夫照她盼咐作事，但老是頑皮的搖動，口中唱歌。這孩子原來像一隻貓，歡喜時就得搗亂。

「弟弟，你唱的是什麼。」

「我唱花狗大告我的山歌。」

「好好的唱給我聽。」

丈夫於是就唱下去，照所記到的歌唱：

天上起雲雲起花，

包谷林裡種豆莢，

一三莢纏壞包谷樹，

嬌妹纏壞後生家。

天上起雲雲重雲，

地下埋墳墳重墳，

嬌妹洗碗碗重碗，

嬌妹床上人重人。

丈夫唱歌中意義全不明白，唱完了就問好不好。蕭蕭說好，並且問從誰學來的。她知道是花狗教他的，卻故意盤問他。

「花狗大告我，他說還有好歌，長大了再教我唱。」

聽說花狗會唱歌，蕭蕭說：「花狗大，花狗大，您唱一個歌我聽聽。」

那花狗，面如其心，生長得不很正氣，知道蕭蕭要聽歌，人也快到聽歌的年齡了，就給她唱「十歲娘子一歲夫」。那故事說的是妻年大，可以隨便到外面作一點不規矩事情，夫年小，只知道吃奶，讓他吃奶。這歌丈夫完全不懂，懂到一點兒的是蕭蕭。把歌聽過後，蕭蕭裝成「我全明白」那一種神氣，她用生氣的樣子，對花狗說：

「花狗大，這個不行，這是罵人的歌！」

花狗分辯說：「不是罵人的歌。」

「我明白，是罵人的歌。」

花狗難得說多話，歌已經唱過了，錯了陪禮，只有不再唱。他看她已經有點懂事了，怕她回頭告祖父，就把話支開，扯到「女學生」。他問蕭蕭，看不看過女學生習體操唱洋歌的事情。

若不是花狗提起，蕭蕭幾乎已忘卻了這事情。這時又提到女學生，她問花狗近來有不有女學生過路。

花狗一面把南瓜從棚架邊抱到牆角去，告她女學生唱歌的事，這些事的來源就是蕭蕭的那個祖父。他在蕭蕭面前說了點大話，說他曾經到官路上見到四個女學生，她們都拿得有旗幟，走長路流汗喘氣之中仍然唱歌，同軍人所唱的一模一樣。不消說，這完全是笑話。可是那故事把蕭蕭可樂壞了。

花狗是會說會笑的一個人。聽蕭蕭帶著欣羨口氣說「花狗大，你膀子真大。」他就說：「我不止膀子大。」

「你身個子也大。」

「我全身無處不大。」

到蕭蕭抱了她的丈夫走去以後，同花狗在一起摘瓜，取名字叫啞叭的，開了平時不常開的口。他說：

「花狗，你少壞點。人家是黃花女，還要等十二年才圓房！」

花狗不做聲，打了那夥計一掌，走到棗樹下撿落地棗去了。

到摘瓜的秋天，日子計算起來，蕭蕭過丈夫家有一年了。

幾次降霜落雪，幾次清明穀雨，都說蕭蕭是大人了。天保佑，喝冷水，吃粗礪飯，四季無疾病，倒發育得這樣快。婆婆雖生來像一把剪，把凡是給蕭蕭暴長的機會都剪去了，但鄉下的日頭同空氣都幫助人長大，卻不是折磨可以阻攔得住。

蕭蕭十四歲時高如成人，心卻還是一顆糊糊塗塗的心。

人大了一點，家中做的事也多了一點。續麻紡車洗衣照料丈夫以外，打豬草推磨一些事情也要作。還有漿紗織布：兩三年來所聚集的粗細麻和紡就的紗，已夠蕭蕭坐到土機上拋三個月的梭子了。

丈夫已斷了奶。婆婆有了新兒子，這五歲兒子就像歸蕭蕭獨有了。不論做什麼，走到什麼地方去，丈夫總跟到身邊。丈夫有些方面很怕她，當她如母親，不敢多事。他們倆「感情不壞」。

地方稍稍進步，祖父的笑話轉到「蕭蕭你也把辮子剪去」那一類事上去了。聽著這話的蕭蕭，某個夏天也看過一次女

學生了，雖不把祖父笑話認真，可是每一次在祖父說過這笑話以後，她到水邊去，必用手捏著辮子末梢，設想沒有辮子的人那種神氣，那點趣味。

因為打豬草，帶丈夫上螺螄山的山陰是常有的事。

小孩子不知事，聽別人唱歌也唱歌。一唱歌，就把花狗引來了。

花狗對蕭蕭生了另外一種心，蕭蕭有點明白了，常常覺得惶恐。但花狗是男子，凡是男子的美德惡德皆不缺少，所以一面使蕭蕭的丈夫非常歡喜同他玩，一面一有機會即纏在蕭蕭身邊，且總是想方設法把蕭蕭那點惶恐減去。

山大人小，平時不知道蕭蕭所在，花狗就站在高處唱歌逗蕭蕭身邊的丈夫，丈夫小口一開，花狗穿山越嶺就來到蕭蕭面前了。

見了花狗，小孩子只有歡喜，不知其他。他原要花狗為他編草蟲玩，做竹簫哨子玩，花狗想方法支使他到一個遠處去，便坐到蕭蕭身邊來，要蕭蕭聽他唱那使人紅臉的歌。她有時覺得害怕，不許丈夫走開；有時又像有了花狗在身邊，打發丈夫走去也好一點。終於有一天，蕭蕭就給花狗變成了婦人了。

那時節，丈夫走到山下採刺莓去了，花狗唱了許多歌，到後卻向蕭蕭說，我想了你二三年。他又說，我為你睡不著覺。他又說，我賭咒不把這事情告給人。聽了這些話仍然不懂什麼的蕭蕭，眼睛只注意到他那一對膀子，耳朵只注意到他最後一句話。末了花狗大便又唱歌給她聽，她心裡亂了。她要他當真對天賭咒，賭了咒，一切好像有了保障，她就一

切儘他了。到丈夫返身時，手被毛毛蟲螫傷，腫了一片，走到蕭蕭身邊，蕭蕭捏緊這一隻小手，且用口去呵它，吮它，想起剛纔的糊塗，纔彷彿明白作了一點糊塗事。

　　花狗誘她做壞事情是麥黃四月，到六月，李子熟了，她歡喜吃生李子。她覺得身體有點特別，碰到花狗，就將這事情告給他，問他怎麼辦。

　　討論了多久，花狗全無主意。雖以前自己當天賭得有咒，也仍然無主意。這傢伙個子大，膽量小，個子大容易做錯事，膽量小做了錯事就想不出辦法。

　　到後，蕭蕭捏著自己那條辮子，想起城裡了，她說：

　　「花狗，我們到城裡去過日子，不好麼？」

　　「那怎麼行？到城裡去做什麼？」

　　「我肚子大了。」

　　「我們找藥去。」

　　「我想……」

　　「你想逃？」

　　「我想逃嗎？我想死！」

　　「我賭咒不辜負你。」

　　「負不負我有什麼用，幫我個忙，拿去肚子裡這塊肉罷。我害怕！」

　　花狗不再做聲，過了一會，便走開了。不久丈夫從他處回來，見蕭蕭一個人坐在草地上哭，眼睛紅紅的，丈夫心中納罕。看了一會，問蕭蕭：

　　「姊姊，爲甚麼哭？」

　　「不爲甚麼，灰塵落到眼睛裡，痛。」

「你瞧我，得這些這些。」

他把從溪中檢來的小蚌小石頭陳列蕭蕭面前，蕭蕭用淚眼看了一會，笑著說：「弟弟，我們要好，我哭你莫告家中。」到後這事情家中當真就無人知道。

第二天，花狗不辭而行，把自己所有的衣褲都拿去了。祖父問同住的啞叭知不知道他爲什麼走路，走那兒去。啞叭只是搖頭，說，花狗還欠了他兩百錢，臨走時話都不留一句，爲人少良心。啞叭說他自己的話，並沒有把花狗走的理由說明，因此這一家希奇一整天，談論一整天。不過這工人既不偷走物件，又不拐帶別的，這事過後不久自然也就把他忘了。

蕭蕭仍然是往日的蕭蕭。她能夠忘記花狗，就好了。但是肚子真有些不同了，肚中東西使她常常一個人乾發急，儘做怪夢。

她脾氣似乎壞了一點，這壞處只有丈夫知道，因爲她對丈夫似乎嚴厲苛刻了好些。

仍然每天同丈夫在一處，她的心，想到的事自己也不十分明白。她常想，我現在死了，什麼都好了。可是爲什麼要死？她還很高興活下去，願意活下去。

家中人不拘誰在無意中提起關於丈夫弟弟的話，提起小孩子，提起花狗，都像使這話如拳頭，在蕭蕭胸口上重重一擊。

到八月，她擔心人知道更多了，引丈夫廟裡去玩，就私自許願，吃了一大把香灰。吃香灰時被她丈夫見到了，丈夫說這是做甚麼事，蕭蕭就說這是肚痛，應當吃這個。蕭蕭自然說謊。雖說求菩薩保佑，菩薩當然沒有如她的希望，肚子

中長大的東西仍在慢慢的長大。

她又常常往溪裡去喝冷水，給丈夫見到了，丈夫問她她就說口渴。

一切她所想到的方法都沒有能夠使她與自己不歡喜的東西分開。大肚子只有丈夫一人知道，他卻不敢告這件事給父母曉得。因為時間長久，年齡不同，丈夫有些時候對於蕭蕭的怕同愛，比對於父母還深切。

她還記得那花狗賭咒那一天裡的事情，如同記著其他事情一樣。到秋天，屋前屋後毛毛蟲更多了，丈夫像故意折磨她一樣，常常提起幾個月前被毛毛蟲所螫的話，使蕭蕭難過。她因此極恨毛毛蟲，見了那小蟲就想用腳去踹。

有一天，又聽說人說有好些女學生過路，聽過這話的蕭蕭，睜了眼做過一陣夢，楞楞的對日頭出處癡了半天。

蕭蕭步花狗後塵，也想逃走，收拾一點東西預備跟了女學生走的那條路上城。但沒有動身，就被家裡人發覺了。

家中追究這逃走的根源，纔明白這個十年後預備給小丈夫生兒子繼香火的蕭蕭肚子，已被另外一個人搶先下了種。這真是了不得的大事。一家人的平靜生活為這一件事全弄亂了。生氣的生氣，流淚的流淚。懸樑，投水，吃毒藥，諸事蕭蕭全想到了，年紀太小，捨不得死，卻不曾做。於是祖父想出了個聰明主意，把蕭蕭關在房裡，派兩人好好看守著，請蕭蕭本族的人來說話，看是沈潭還是發賣？蕭蕭家中人要面子，就沈潭淹死，捨不得死就發賣。蕭蕭既只有一個伯父，在近處莊子裡為人種田，去請他時先還以為是吃酒，到了才知道是這樣丟臉事情，弄得這家長手足無措。

　　大肚子作證，什麼也沒有可說。伯父不忍把蕭蕭沈潭，蕭蕭當然應當嫁人作二路親了。

　　這處罰好像也極其自然，照習慣受損失的是丈夫家裡，然而卻可以在改嫁上收回一筆錢，當作賠償損失的數目。那伯父把這事告給了蕭蕭，就要走路。蕭蕭拉著伯父衣角不放，只是幽幽的哭，伯父搖了一會頭，一句話不說，仍然走了。

　　沒有相當的人家來要蕭蕭，就仍然在丈夫家中住下。這件事情既經說明白，倒又像不甚麼要緊，大家反而釋然了。先是小丈夫不能再同蕭蕭在一處，到後又仍然如月前情形，姊弟一般有說有笑的過日子了。

　　丈夫知道了蕭蕭肚子中有兒子的事情，又知道因為這樣蕭蕭才應當嫁到遠處去。但是丈夫並不願意蕭蕭去，蕭蕭自己也不願意去，大家全莫名其妙，像逼到要這樣做，不得不做。

　　在等候主顧來看人，等到十二月，還沒有人來。

　　蕭蕭次年二月間，坐草生了一個兒子，團頭大眼，聲響宏壯，大家把母子二人照料得好好的，照規矩吃蒸雞同江米酒補血，燒紙謝神。一家人都歡喜那兒子。

　　生下的既是兒子，蕭蕭不嫁別處了。

　　到蕭蕭正式同丈夫拜堂圓房時，兒子年紀十歲，已經能看牛割草，成為家中生產者一員了。平時喊蕭蕭丈夫做大叔，大叔也答應，從不生氣。

　　這兒子名叫牛兒。牛兒十二歲時也接了親，媳婦年長六歲。媳婦年紀大，方能諸事作幫手，對家中有幫助。嗩吶吹到門前時，新娘在轎中嗚嗚的哭著，忙壞了那個祖父，曾祖

父。

　　這一天，蕭蕭抱了自己新生的月毛毛，卻在屋前榆蠟樹籬笆看熱鬧，同十年前抱丈夫一個樣子。

延伸閱讀資料

劉洪濤：《沈從文小說與現代主義》，台北：秀威資訊科技
　　公司，2009 年

王繼志、陳龍：《沈從文的文學世界》，台北：三民書局，
　　1999 年

沈從文、張兆和：《沈從文家書》，台北：台灣商務印書館，
　　1998 年

凌宇編：《沈從文著作選》，台北：台灣商務印書館，1994 年

凌宇：《沈從文傳》，台北：東大圖書公司，1991 年

蕭　紅

蕭　紅（1911－1942）

蕭紅，原名張乃瑩，1911 年生，黑龍江呼蘭人。1928 年在哈爾濱讀中學，接觸五四思想，受魯迅、茅盾等作家影響很大。1932 年與另一東北作家蕭軍同居，並參加抗日活動。1933 年與蕭軍自費出版第一本作品合集《跋涉》。1934 年去上海，結識魯迅，受其提攜與賞識，在魯迅幫忙下，1935 年發表了成名作《生死場》，受到文壇矚目。這部小說以淪陷前後的東北農村為背景，真實反映了農民的苦難，揭露日本軍國主義的暴行。1940 年與作家端木蕻良同抵香港，不久完成著名長篇小說《呼蘭河傳》。1942 年病故於香港，享年 32 歲，結束坎坷短暫的一生。

蕭紅非常重視情感在創作中的作用，她的小說不但情感充沛，而且充滿清新如詩的筆調。抒情詩化的小說風格，是她作品動人的質素，也是她在小說藝術上的主要特色。此外，因為自身特殊的生活經歷，使她對中國婦女悲慘的命運特別關心，擅長以女性的同情，寫婦女的苦難，語調冷靜不激憤，卻能撼動人心，可看出受到魯迅〈藥〉、〈祝福〉等的影響。

橋

蕭　紅

　　夏天和秋天，橋下的積水和水溝一般平了。

　　「黃良子，黃良子……孩子哭啦！」

　　也許是夜晚，也許是早晨，橋頭上喊著這樣的聲音。久了，住在橋頭的人家都聽慣了，聽熟了。

　　「黃良子，孩子要吃奶啦！黃良子……黃良……子。」

　　尤其是在雨夜或颶風的早晨，靜穆裡的這聲音受著橋下的水的共鳴或者借助於風聲，也送進遠處的人家去。

　　「黃……良子。黃……良……子……」聽來和歌聲一般了。

　　月亮完全沈沒了去，只有天西最後的一顆星還在掛著。從橋東的空場上黃良子走了出來。

　　黃良是她男人的名字，從她做了乳娘那天起，不知是誰把「黃良」的末尾加上個「子」字，就算她的名字。

　　「啊？這麼早就餓了嗎？昨晚上吃得那麼晚！」

　　開始的幾天，她是要跑到橋邊去，她向著橋西來喚她的人顫一顫那古舊的橋欄，她的聲音也就彷彿在橋下的水上打

著迴旋：

「這麼早嗎！……啊？」

現在她完全不再那樣做。「黃良子」這字眼好像號碼一般，只要一觸到她，她就緊跟著這字眼去了。

在初醒的矇矓中，她的呼吸還不能夠平穩，她走著，她差不多是跑著，順著水溝向北面跑去。停在橋西第一個大門樓下面，用手盤捲著鬆落下來的頭髮。

—— 怎麼！門還關著……怎麼！

「開門呀！開門呀！」她彎下腰去，幾乎是把臉伏在地面。從門檻下面的縫際看進去，大白狗還睡在那裡。

因為頭部過度下垂，院子裡的房屋似乎旋轉了一陣，門和窗子也都旋轉著，向天的方向設備著。「開門呀！開門來——」

—— 怎麼！鬼喊了我來嗎？不，……有人喊的，我聽得清清楚楚嘛……一定，那一定……但是，她只得回來，橋西和橋東一個人也沒有遇到。她喊到潮濕的背脊涼下去。

—— 這不就是百八十步……多說二百步……可是必得繞出去一里多！起初她試驗過，要想扶著橋欄爬過去。但是，那橋完全沒有底了，只剩兩條欄杆還沒有被偷兒拔走。假若連欄杆也不見了，那她會安心些，她會相信那水溝是天然的水溝，她會相信人沒有辦法把水溝消滅。

……不是嗎？搭上兩塊木頭就能走人的……就差兩塊木頭……這橋，這橋，就隔一道橋……

她在橋邊站了一會兒，想了一會兒：

—— 往南去，往北去呢？都一樣，往北吧！

　　她家的草屋正對著這橋，她看見門上的紙片被風吹動。在她理想中，好像一伸手她就能摸到那小土丘上面去似的。

　　當她順著溝沿往北走時，她滑過那小土丘去，遠了，到半里路遠的地方 —— 水溝的盡頭 —— 再折回來。

　　—— 誰還在喊我？哪一方面喊我？

　　她的頭髮又散落下來，她一面走著一面挽捲著。

　　「黃良子，黃良子……」她仍然好像聽到有人在喊她。

　　「黃……瓜茄……子……黃……瓜茄……子」菜擔子迎著黃良子走來了。

　　「黃瓜茄子，黃……瓜茄子……」

　　黃良子笑了！她向著那個賣菜的人笑了。

　　主人家牆頭上的狗尾草肥壯起來了，橋頭黃良子的孩子哭聲也大起來了！那孩子的哭聲會飛到橋西來。

　　　走 —— 走 —— 推著寶寶上橋頭，

　　橋頭捉住個大蝴蝶，

　　媽媽坐下來歇一歇，

　　　走 —— 走 —— 推著寶寶上橋頭。

　　黃良子再不像夏天那樣在榆樹下扶著小車打瞌睡，雖然陽光仍是暖暖的，雖然這秋天的天空比夏天更好。

　　小主人睡在小車裡面，輪子呱啦呱啦地響著，那白嫩的圓面孔，眉毛上面齊著和霜一樣白的帽邊，滿身穿著潔淨的可愛的衣裳。

　　黃良子感到不安了，她的心開始像鈴鐺似的搖了起來：

　　「喜歡哭嗎？不要哭啦……爹爹抱著跳一跳，跑一跑……」

　　爹爹抱著，隔著橋站著的，自己那個孩子，黃瘦，眼圈發一點藍，脖子略微長一些，看起來很像一條枯了的樹枝。但是黃良子總覺得比車裡的孩子更可愛一點，哪裡可愛呢？他的笑也和哭差不多，他哭的時候也從不滾著發亮的肥大的淚珠，並且他對著隔著橋的媽媽一點也不親熱，他看著她也並不拍一下手。托在爹爹手上的腳連跳也不跳。

　　但她總覺得比車裡的孩子更可愛些，哪裡可愛呢？她自己不知道。

　　　　走 —— 走 —— 推著寶寶上橋頭，

　　　　走 —— 走 —— 推著寶寶上橋頭。

　　她對小主人說的話，已經缺少了一句：

　　　　橋頭捉住個大蝴蝶，媽媽坐下來歇一歇。

　　在這句子裡邊感不到什麼靈魂的契合，不必要了。

　　　　走 —— 走 —— 上橋頭，上橋頭……

　　她的歌詞漸漸的乾枯了，她沒有注意到這樣的幾個字孩子喜歡聽不喜歡聽。同時在車輪呱啦呱啦地離開橋頭時，她同樣唱著：「上橋頭，上橋頭……」後來連小主人躺在床上睡覺的時候，她還是哼著：「上橋頭，上橋頭……」「啊？你給他擦一擦呀……那鼻涕流過嘴啦……怎麼！看不見嗎？唉唉……」

　　黃良子，她簡直忘記了她是站在橋這邊，她有些暴躁了。當她的手隔著橋伸出去的時候，那差不多要使她流眼淚了。她的臉為著著急完全是漲紅的。

　　「爹，爹是不行的呀……到底不中用！可是這橋，這橋……若不有這橋隔著……」藉著橋下的水的反應，黃良子

響出來的聲音很空洞，並且橫在橋下面的影子有些震撼：「你抱他過來呀！就這麼看著他哭！繞一點路，男人的腿算什麼？我⋯⋯我是推著車的呀！」

橋下面的水上浮著三個人影和一輛小車。但分不出站在橋東的和站在橋西的。

從這一天起，「橋」好像把黃良子的生命縮短了。但她又感到太陽掛在空中整天也沒有落下去似的⋯⋯究竟日子長了，短了？她也不知道，天氣寒了，暖了？她也不能夠識別。雖然她也換上了夾衣，對於衣裳的增加，似乎別人增加起來，她也就增加起來。

沿街掃著落葉的時候，她仍推著那輛呱啦呱啦的小車。

主人家橋頭上的狗尾草，一點水分也沒有了，全枯了，只有很少數的還站在風裡面搖著；橋東孩子的哭聲一點也沒有減弱，隨著風聲送到橋頭的人家去，特別是送進黃良子的耳裡，那聲音擴大起來，顯微鏡下面蒼蠅翅膀似的⋯⋯

她把饅頭、餅乾，有時就連那包著餡、發著油香不知名的點心，也從橋西拋到橋東去。

—— 只隔一道橋，若不⋯⋯這不是隨時可以吃得到東西嗎？這小窮鬼，你的命上該有一道橋阿！

每次她拋的東西若落下水的時候，她就向著橋東的孩子說：

「小窮鬼，你的命上該有一道橋啊！」

向橋東拋著這些東西，主人一次也沒有看到過。可是當水面上閃著一條線的時候，她總是害怕的，好像她的心上已經照著一面鏡子了。

　　—— 這明明是啊……這是偷的東西……老天爺也知道的。

　　因爲在水面上反映著藍天，反映著白雲，並且這藍天和她很接近，就在她拋著東西的手底下。有一天，她得到無數東西，月餅、梨子，還有早飯剩下的餃子。這都不是公開的，這都是主人不看見她才包起來的。

　　她推著車，站在橋頭了，那東西放在車箱裡孩子擺著玩物的地方。

　　「他爹爹……他爹爹……黃良，黃良！」

　　但是什麼人也沒有，土丘的後面鬧著兩隻野狗。門關著，好像是正在睡覺。

　　她決心到橋東去，推著車子跑得快時，車裡面孩子的頭都顛起來，她最怕車輪響。

　　—— 到那裡去啦？推著車子跑……這是幹嘛推著車子跑……跑什麼？……跑什麼？……往哪裡跑？

　　就像女主人在她的後面喊起來：

　　—— 站住，站住 —— 她自己把她自己嚇得出了汗，心臟快要跑到喉嚨邊來。孩子被顛得要哭，她就說：

　　「老虎！老虎！」

　　她親手把睡在炕上的孩子喚醒起來，她親眼看著孩子去動手吃東西。

　　不知道怎樣的愉快從她的心上開始著，當那孩子把梨子舉起來的時候，當那孩子一粒一粒把葡萄觸破了兩三粒的時候。

　　「呀！這是吃的呀，你這小敗家子！暴殄天物……還不

懂得是吃的嗎？媽，讓媽給你放進嘴裡去，張嘴，張嘴。嘿……
酸哩！看這小樣。酸得眼睛像一條縫了……吃這月餅吧！快
到一歲的孩子什麼都能吃的……吃吧……這都是第一次吃
呢……」

　　她笑著。她總覺得這好哭的連笑也笑不完整的孩子比坐
在車裡邊的孩子更可愛些。

　　她走回橋西去的時候，心平靜極了；順著水溝向北去，
生在水溝旁的紫小菊，被她看到了，她興致很好，想要伸手
去折下來插到頭上去。

　　「小寶寶！噯呀，好不好？」花穗在她的一隻手裡面搖
著，她喊著小寶寶，那是完全從內心喊出來的，只有這樣喊
著，在她臨時的幸福上才能夠閃光。心上一點什麼隔線也脫
掉了，第一次，她感到小主人和自己的孩子一樣可愛了！她
在他的臉上扭了一下，車輪在那不平坦的道上呱啦呱啦地
響……

　　她偶然看到孩子坐著的車是在水溝裡顛亂著，於是她才
想到她是來到橋東了。不安起來，車子在水溝裡的倒影跑得
快了，閃過去了。

　　—— 百八十步……可是偏偏要繞一里多路……眼看著橋
就過不去……

　　—— 黃良子，黃良子！把孩子推到哪裡去啦！—— 就像
女主人已經喊她了 —— 你偷了什麼東西回家的？我說黃良
子！

　　她自己的名字在她的心上跳著。

　　她的手沒有把握的使著小車在水溝旁亂跑起來，跑得太

與水溝接近的時候，要撞進水溝去似的。車輪子兩隻高了，兩隻低了，孩子要從裡面被顛出來了。

還沒有跑到水溝的盡端，車輪脫落了一隻，脫落的車輪，像用力拋著一般旋進水溝裡去了。

黃良子停下來看一看，橋頭的欄杆還模糊的可以看得見。

—— 這橋！不都是這橋嗎？

她覺得她應該哭了！但那肺葉在她的胸內顫了兩下她又停止住。

—— 這還算是站在橋束啊！應該快到橋西去。

她推起三個輪子的車來，從水溝的東面，繞到水溝的西面。

—— 這可怎麼說？就說在水旁走走，輪子就掉了；就說抓蝴蝶吧？這時候沒有蝴蝶了。就說抓蜻蜓吧……瞎說吧！反正車子站在橋西，可沒到橋東去……

「黃良……黃良……」一切忘掉了，在她好像一切都不怕了。

「黃良，黃良……」她推著三個輪子的小車順著水溝走到橋邊去招呼。

當她的手拿到那車輪的時候，黃良的泥污已經沾滿到腰的部份。

推著三個輪子的車走進主人家的大門去，她的髮是掛下來的，在她蒼白的臉上劃著條痕。

—— 這不就是這輪子嗎？掉了……是掉了的，滾下水溝去的……

她依著大門扇，哭了！

　　橋頭上沒有底的橋欄杆，在東邊好像看著她哭。

　　第二年的夏天，橋頭仍響著「黃良子，黃良子」的喊聲。尤其是在天還未明的時候，簡直和雞啼一樣。

　　第三年，橋頭上「黃良子」的喊聲沒有了，像是同那顫抖的橋欄一同消滅下去。黃良子已經住到主人家裡。

　　在三月裡，新橋就開始建造起來。夏天，那橋上已經走著車馬和行人。

　　黃良子一看到那紅漆的橋欄，比所有她看到過的在夏天裡開著的紅花更新鮮。

　　「跑跑吧！你這孩子！」她每次看到她的孩子從橋東跑過來的時候，無論隔著多遠，不管聽見聽不見，不管她的聲音怎樣小，她卻總要說的：「跑跑吧！這樣寬大的橋啊！」

　　爹爹抱著他，也許牽著他，每天過橋好幾次。橋上面平坦和發著哄聲，若在上面跺一下腳，橋會咚咚的響起來。

　　主人家，牆頭上的狗尾草又是肥壯的，牆根下面有的地方也長著同樣的狗尾草，橋根下也長著別樣的草：野罌粟和洋雀草，還有不知名的草。

　　黃良子拔著洋雀草做起哨子來，給瘦孩子一個，給胖孩子一個。他們兩個都到牆根的地方去拔草，拔得過量的多，她的膝蓋上盡是些草了，於是他們也拔著野罌粟。

　　「嗞嗞，嗞嗞！」在院子的榆樹下鬧著，笑著和響著哨子。

　　橋頭上孩子的哭聲，不復出現了。在媽媽的膝頭前，變成了歡笑和歌聲。

　　黃良子，兩個孩子都覺得可愛，她的兩個膝頭前一邊站

著一個，有時候，他們兩個裝著哭，就一邊膝頭上伏著一個。

黃良子把「橋」漸漸地遺忘了，雖然她有時走在橋上，但她不記起還是一條橋，和走在大道上一般平常，一點也沒有兩樣。

有一天，黃良子發現她的孩子的手上劃著兩條血痕。「去吧！去跟爹爹回家睡一覺再來……」有時候，她也親手把他牽過橋去。

以後，那孩子在她膝蓋前就不怎樣活潑了，並且常常哭，並且臉上也發現著傷痕。

「不許這樣打的呀！這是幹什麼……幹什麼？」在牆外，或是在道口，總之，在沒有人的地方，黃良子才把小主人的木槍奪下來。

小主人立刻倒在地上，哭和罵，有時候立刻就去打著黃良子，用玩物，或者用街上的泥塊。

「媽！我也要那個……」

小主人吃著肉包子的樣子，一隻手上抓著一個，有油流出來了，小手上面發著光。並且那肉包子的香味，不管站得怎樣遠也像繞著小良子的鼻管似的：

「媽……我也要……要……」

「你要什麼？小良子！不該要呀……羞不羞？饞嘴巴！沒有臉皮了？」

當小主人吃著水果的時候，那是歪著頭，很圓的黑眼睛，慢慢地轉著。

小良子看到別人吃，他拾了一片樹葉舐一舐，或者把樹枝放在舌頭上，用舌頭捲著，用舌尖吮著。

　　小主人吃杏的時候，很快的把杏核吐在地上，又另吃第二個。他圍裙的口袋裡邊，裝著滿滿的黃色的大杏。「好孩子！給小良子一個……有多好呢……」黃良子伸手去摸他的口袋，那孩子擺脫開，跑到很遠的地方把兩個杏子拋在地上。「吞吧！小良子，小鬼頭……」黃良子的眼睛彎曲的看到小良子的身上。小良子吃杏，把杏核使嘴和牙齒相撞著，撞得發響，並且他很久很久的吮著這杏核。後來他在地上拾起那胖孩子吐出來的杏核。

　　有一天，黃良子看到她的孩子把手插進一個泥窪子裡摸著。

　　媽媽第一次打他，那孩子倒下來，把兩隻手都插進泥坑去時，他喊著：

　　「媽！杏核呀……摸到的杏核丟了……」

　　黃良子常常送她的孩子過橋：

　　「黃良！黃良……把孩子叫回去……黃良！別再叫他跑過橋來……」

　　也許是黃昏，也許是晌午，橋頭上黃良的名字開始送進人家去。兩年前人們聽慣了的「黃良子」這歌好像又復活了。

　　「黃良，黃良，把這小死鬼綁起來吧！他又跑過橋來啦……」

　　小良子把小主人的嘴唇打破的那天早晨，橋頭上鬧著黃良的全家。

　　黃良子喊著，小良子跑著叫著：「爹爹呀……爹爹呀……啊……啊……」

　　到晚間，終於小良子的嘴也流著血了，在他原有的，小

主人給他打破的傷痕上又流著血了。這次卻是媽媽給打破的。

小主人給打破的傷口，是媽媽給揩乾的；被媽媽打破的傷口，爹爹也不去揩乾它。

黃良子帶著東西，從橋西走回來了。

她家好像生了病一樣，靜下去了，啞了，幾乎門扇整日都沒有開動，屋頂上也好像不曾冒煙。

這寂寞也波及到橋頭，橋頭附近的人家，在這個六月裡失去了他們的音樂。

「黃良，黃良，小良子……」這聲音再也聽不到了。

橋下面的水，靜靜的流著。

橋上和橋下再沒有黃良子的影子和聲音了。

黃良子重新被主人喚回去上工的時候，那是秋末，也許是初冬，總之，道路上的雨水已經開始結集著閃光的冰花。但水溝還沒有結冰，橋上的欄杆還是照樣的紅。她停在橋頭，橫在面前的水溝，伸到南面去的也沒有延展，伸到北面去的也不見得縮短。橋西，人家的房頂，照舊發著灰色。門樓、院牆，牆頭的萎黃狗尾草也和去年秋末一樣的在風裡搖動。

只有橋，她忽然感到高了！使她踏不上去似的。一種軟弱和怕懼貫穿著她。

—— 還是沒有這橋吧！若沒有這橋，小良子不就是跑不到橋西來了嗎？算是沒有擋他腿的啦！這橋，不都是這橋嗎？

她懷念起舊橋來，同時，她用怨恨過舊橋的情感再建設起舊橋來。

小良子一次也沒有踏過橋西去，爹爹在橋頭上張開兩隻

胳臂。笑著，哭著，小良子在橋邊一直被阻擋下來，他流著過量的鼻涕的時候，爹爹把他抱了起來，用手掌給暖一暖他凍得很涼的耳朵的輪邊。於是橋東的空場上有個很長的人影在踱著。

也許是黃昏了，也許是孩子終於睡在他的肩上，這時候，這曲背的、長的影子不見了。橋東空場上完全空曠下來。

可是空場上的土丘透出了一片燈火，土丘裡面有時候也起著燃料的爆炸。

小良子吃晚飯的碗舉到嘴邊去，同時，橋頭上的夜色流來了！深色的天，好像廣大的帘子從橋頭掛到小良子的門前。

第二天小良子又是照樣向橋頭奔跑。

「找媽去……吃……饅頭……她有饅頭……媽有啊……媽有糖……」一面奔跑著，一面叫著……頭頂上留著的一堆毛髮，逆著風，吹得豎起來了。他看到爹爹的大手就跟在他的後面。

橋頭上喊著「媽」和哭聲……

這哭聲藉著風聲，藉著橋下水的共鳴，也送進遠處的人家去。等這橋頭又安息下來的時候，那是從一年中落著最末的一次雨的那天起。

小良子從此丟失了。

多天，橋西和橋東都飄著雪，紅色的欄杆被雪花遮斷了。

橋上面走著行人和車馬，到橋東去的，到橋西去的。

那天，黃良子聽到她的孩子掉下水溝去，她趕忙奔到了水溝邊去。看到那被撈在溝沿上的孩子連呼吸也沒有的時候，她站起來，她從那些圍觀的人們的頭上面望到橋的方向

去。

　　那顫抖的橋欄，那紅色的橋欄，在模糊中她似乎看到了兩道橋欄。

　　於是肺葉在她胸的內面顫動和放大。這次，她真的哭了。

延伸閱讀資料

劉人鵬編著：《20世紀文學名家大賞：蕭紅》，台北：三民書局，2006年

蕭紅：《生死場》，台北：里仁書局，1999年

丁言昭：《蕭紅新傳》，台北：新潮社，1996年

丁言昭編選：《青少年蕭紅讀本》，台北：業強出版社，1994年

張毓茂編選：《中國新文學大師名作賞析：蕭紅》，台北：海風出版社，1993年

張愛玲

張愛玲（1920－1995）

張愛玲，筆名梁京。原籍河北豐潤，1920 年生於上海，童年在北京、天津度過。中學畢業後到香港大學就讀。1941 年 12 月太平洋戰爭爆發，學業中斷。1942 年返回上海，開始職業寫作生涯。1943 年她的小說處女作〈沈香屑〉發表在《紫羅蘭》雜誌上，此後三、四年是她創作的豐收期，成為四○年代上海著名的女作家，掀起一陣「張愛玲風潮」。1944 年出版小說集《傳奇》，1945 年出版散文集《流言》，暢銷一時，將她推上了創作的頂峰。1949 年後仍以筆名梁京為上海《亦報》寫小說。1952 年移居香港，在香港撰寫小說《赤地之戀》、《秧歌》。1955 年旅居美國，曾在加州大學中文研究中心從事翻譯和小說考證，過著遺世獨立的生活。1995 年病逝於洛杉磯，享壽 76 歲。主要作品還有《半生緣》、《怨女》、《對照記》、《小團圓》等。

張愛玲小說重視心理分析，又強調暗示與象徵，加上對人生的獨到感悟，精準細膩的文字描繪，往往產生令人驚心動魄的藝術效果，豐富的意象則表現出她敏銳過人的藝術感覺。因其獨特不衰的特殊魅力，不僅擁有一批「張迷」、「張癡」，甚至有了「張派」、「張腔」，影響可見一斑。

封　鎖

張愛玲

　　開電車的人開電車。在大太陽底下，電車軌道像兩條光瑩瑩的，水裡鑽出來的曲蟮，抽長了，又縮短了；抽長了，又縮短了，就這麼樣往前移 ── 柔滑的，老長老長的曲蟮，沒有完，沒有完……開電車的人眼睛盯住了這兩條蠕蠕的車軌，然而他不發瘋。

　　如果不碰到封鎖，電車的進行是永遠不會斷的。封鎖了。搖鈴了。「叮玲玲玲玲玲，」每一個「玲」字是冷冷的一小點，一點一點連成了一條虛線，切斷了時間與空間。

　　電車停了，馬路上的人卻開始奔跑，在街的左面的人們奔到街的右面，在右面的人們奔到左面。商店一律地沙啦啦拉上鐵門。女太太們發狂一般扯動鐵柵欄，叫道：「讓我們進來一會兒！我這兒有孩子哪，有年紀大的人！」然而門還是關得緊騰騰的。鐵門裡的人和鐵門外的人眼睜睜對看著，互相懼怕著。

　　電車裡的人相當鎮靜。他們有座位可坐，雖然設備簡陋一點，和多數乘客的家裡的情形比較起來，還是略勝一籌。

街上漸漸地也安靜下來，並不是絕對的寂靜，但是人聲逐漸渺茫，像睡夢裡所聽到的蘆花枕頭裡的悉索聲。這龐大的城市在陽光裡睏著了，重重地把頭擱在人們的肩上，口涎順著人們的衣服緩緩流下去，不能想像的巨大的重量壓住了每一個人。上海似乎從來沒有這麼靜過 —— 大白天裡！一個乞丐趁著鴉雀無聲的時候，提高了喉嚨唱將起來：「阿有老爺太太先生小姐做做好事救救我可憐人哇？阿有老爺太太……」然而他不久就停了下來，被這不經見的沉寂嚇噤住了。

還有一個較有勇氣的山東乞丐，毅然打破了這靜默。他的嗓子渾圓嘹亮：「可憐啊可憐！一個人啊沒錢！」悠久的歌，從一個世紀唱到下一個世紀。音樂性的節奏傳染上了開電車的。開電車的也是山東人。他長長地嘆了一口氣，抱著胳膊，向車門上一靠，跟著唱了起來：「可憐啊可憐！一個人啊沒錢！」

電車裡，一部分的乘客下去了。剩下的一群中，零零落落也有人說句把話。靠近門口的幾個公事房裡回來的人繼續談講下去。一個人撒喇一聲抖開了扇子，下了結論道：「總而言之，他別的毛病沒有，就吃虧在不會做人。」另一個鼻子裡哼了一聲，冷笑道：「說他不會做人，他把上頭敷衍得挺好的呢！」

一對長得頗像兄妹的中年夫婦把手吊在皮圈上，雙雙站在電車的正中，她突然叫道：「當心別把褲子弄髒了！」他吃了一驚，抬起他的手，手裡拎著一包燻魚。他小心翼翼使那油汪汪的紙口袋與他的西裝褲子維持二寸遠的距離。他太太兀自絮叨道：「現在乾洗是什麼價錢？做一條褲子是什麼

價錢？」

　　坐在角落裡的呂宗楨，華茂銀行的會計師，看見了那燻魚，就聯想到他夫人托他在銀行附近一家麵食攤子上買的菠菜包子。女人就是這樣！彎彎扭扭最難找的小胡同裡買來的包子必定是價廉物美的！她一點也不爲他著想——一個齊齊整整穿著西裝戴著玳瑁邊眼鏡提著公事皮包的人，抱著報紙裡的熱騰騰的包子滿街跑，實在是不像話！然而無論如何，假使這封鎖延長下去，耽誤了他的晚飯，至少這包子可以派用場。他看了看手錶，才四點半。該是心理作用罷？他已經覺得餓了。他輕輕揭開報紙的一角，向裡面張了一張。一個個雪白的，噴出淡淡的麻油氣味。一部分的報紙粘住了包子，他謹慎地把報紙撕了下來，包子上印了鉛字，字都是反的，像鏡子裡映出來的，然而他有這耐心，低下頭去逐個認了出來：

　　「訃告……申請……華股動態……隆重登場候教……」都是得用的字眼兒，不知道爲什麼轉載到包子上，就帶點開玩笑性質。也許因爲「吃」是太嚴重的一件事了，相形之下，其他的一切都成了笑話。呂宗楨看著也覺得不順眼，可是他並沒有笑，他是一個老實人。他從包子上的文章看到報上的文章，把半頁舊報紙讀完了，若是翻過來看，包子就得跌出來，只得罷了。他在這裡看報，全車的人都學了樣，有報的看報，沒有報的看發票，看章程，看名片。任何印刷物都沒有的人，就看街上的市招。他們不能不填滿這可怕的空虛——不然，他們的腦子也許會活動起來。思想是痛苦的一件事。

　　只有呂宗楨對面坐著的一個老頭子，手心裡谷碌碌谷碌碌搓著兩只油光水滑的核桃，有板有眼的小動作代替了思想。他剃著光頭，紅黃皮色，滿臉浮油，打著皺，整個的頭像一個核桃。他的腦子就像核桃仁，甜的，滋潤的，可是沒有多大意思。

　　老頭子右首坐著吳翠遠，看上去像一個教會派的少奶奶，但是還沒有結婚。她穿著一件白洋紗旗袍，滾一道窄窄的藍邊 —— 深藍與白，很有點訃聞的風味。她攜著一把藍白格子小遮陽傘。頭髮梳成千篇一律的式樣，唯恐喚起公眾的注意。然而她實在沒有過分觸目的危險。她長得不難看，可是她那種美是一種模棱兩可的，彷彿怕得罪了誰的美，臉上一切都是淡淡的，鬆弛的，沒有輪廓。連她自己的母親也形容不出她是長臉還是圓臉。

　　在家裡她是一個好女兒，在學校裡她是一個好學生。大學畢了業後，翠遠就在母校服務，擔任英文助教。她現在打算利用封鎖的時間改改卷子。翻開了第一篇，是一個男生做的，大聲疾呼抨擊都市的罪惡，充滿了正義感的憤怒，用不很合文法的，吃吃艾艾的句子，罵著「紅嘴唇的賣淫婦……大世界……下等舞場與酒吧間」。翠遠略略沉吟了一會，就找出紅鉛筆來批了一個「Ａ」字。若在平時，批了也就批了，可是今天她有太多的考慮的時間，她不由地要質問自己，為什麼她給了他這麼好的分數：不問倒也罷了，一問，她竟漲紅了臉。她突然明白了：因為這學生是膽敢這麼毫無顧忌地對她說這些話的唯一的一個男子。

　　他拿她當做一個見多識廣的人看待；他拿她當做一個男

人，一個心腹。他看得起她。翠遠在學校裡老是覺得誰都看不起她 —— 從校長起，教授、學生、校役……學生們尤其憤慨得厲害：「申大越來越糟了！一天不如一天！用中國人教英文，照說，已經是不應當，何況是沒有出過洋的中國人！」翠遠在學校裡受氣，在家裡也受氣。吳家是一個新式的，帶著宗教背景的模範家庭。家裡竭力鼓勵女兒用功讀書，一步一步往上爬，爬到了頂兒尖兒上 —— 一個二十來歲的女孩子在大學裡教書！打破了女子職業的新紀錄。然而家長漸漸對她失掉了興趣，寧願她當初在書本上馬虎一點，勻出點時間來找一個有錢的女婿。

她是一個好女兒，好學生。她家裡都是好人，天天洗澡，看報，聽無線電向來不聽申曲滑稽京戲什麼的，而專聽貝多芬、瓦格涅的交響樂，聽不懂也要聽。世界上的好人比真人多……翠遠不快樂。

生命像聖經，從希伯萊文譯成希臘文，從希臘文譯成拉丁文，從拉丁文譯成英文，從英文譯成國語。翠遠讀它的時候，國語又在她腦子裡譯成了上海話。那未免有點隔膜。

翠遠擱下了那本卷子，雙手捧著臉。太陽滾熱地曬在她背脊上。

隔壁坐著個奶媽，懷裡躺著小孩，孩子的腳底心緊緊抵在翠遠的腿上。小小的老虎頭紅鞋包著柔軟而堅硬的腳……這至少是真的。

電車裡，一位醫科學生拿出一本圖畫簿，孜孜修改一張人體骨骼的簡圖。其他的乘客以為他在那裡速寫他對面盹著的那個人。大家閒著沒事幹，一個一個聚攏來，三三兩兩，

撐著腰，背著手，圍繞著他，看他寫生。拎著燻魚的丈夫向他妻子低聲道：「我就看不慣現在興的這些立體派，印象派！」他妻子附耳道：「你的褲子！」

那醫科學生細細填寫每一根骨頭，神經，筋絡的名字。有一個公事房裡回來的人將摺扇半掩著臉，悄悄向他的同事解釋道：「中國畫的影響。現在的西洋畫也時興題字了，倒真是『東風西漸』！」

呂宗楨沒湊熱鬧，孤零零地坐在原處。他決定他是餓了。大家都走開了，他正好從容地吃他的菠菜包子，偏偏他一抬頭，瞥見了三等車廂裡有他一個親戚，是他太太的姨表妹的兒子。他恨透了這董培芝。培芝是一個胸懷大志的清寒子弟，一心只想娶個略具資產的小姐。呂宗楨的大女兒今年方才十三歲，已經被培芝看在眼裡，心裡打著如意算盤，腳步兒越發走得勤了。呂宗楨一眼望見了這年青人，暗暗叫聲不好，只怕培芝看見了他，要利用這絕好的機會向他進攻。若是在封鎖期間和這董培芝困在一間屋子裡，這情形一定是不堪設想！他匆匆收拾起公事皮包和包子，一陣風奔到對面一排座位上，坐了下來。現在他恰巧被隔壁的吳翠遠擋住了，他表侄絕對不能夠看見他。翠遠回過頭來，微微瞪了他一眼。糟了！這女人準是以為他無緣無故換了一個座位，不懷好意。他認得出那被調戲的女人的臉譜——臉板得紋絲不動，眼睛裡沒有笑意，嘴角也沒有笑意，連鼻窪裡都沒有笑意，然而不知道什麼地方有一點顫巍巍的微笑，隨時可以散佈開來。覺得自己太可愛了的人，是熬不住要笑的。

該死，董培芝畢竟看見了他，向頭等車廂走過來了，謙

卑地，老遠地就躬著腰，紅噴噴的長長的面頰，含有僧尼氣息的灰布長衫 —— 一個吃苦耐勞，守身如玉的青年，最合理想的乘龍快婿。宗楨迅疾地決定將計就計，順水推舟，伸出一隻手臂來攔在翠遠背後的窗臺上，不聲不響宣佈了他的調情的計劃。他知道他這麼一來，並不能嚇退了董培芝，因為培芝眼中的他素來是一個無惡不作的老年人。由培芝看來，過了三十歲的人都是老年人，老年人都是一肚子的壞。培芝今天親眼看見他這樣下流，少不得一五一十要去報告給他太太聽 —— 氣氣他太太也好！誰叫她給他弄上這麼一個表姪！氣，活該氣！

　　他不怎麼喜歡身邊這女人。她的手臂，白倒是白的，像擠出來的牙膏。她的整個的人像擠出來的牙膏，沒有款式。

　　他向她低聲笑道：「這封鎖，幾時完哪？真討厭！」翠遠吃了一驚，掉過頭來，看見了他攔在她身後的那隻胳膊，整個身子就僵了一僵，宗楨無論如何不能容許他自己抽回那隻胳膊。他的表姪正在那裡雙眼灼灼望著他，臉上帶著點會心的微笑。如果他夾忙裡跟他表姪對一對眼光，也許那小子會怯怯地低下頭去 —— 處女風韻的窘態；也許那小子會向他擠一擠眼睛 —— 誰知道？

　　他咬一咬牙，重新向翠遠進攻。他道：「您也覺著悶罷？我們說兩句話，總沒有什麼要緊！我們 —— 我們談談！」他不由自主的，聲音裡帶著哀懇的調子。翠遠重新吃了一驚，又掉回頭來看了他一眼。他現在記得了，他瞧見她上車的 —— 非常戲劇化的一剎那，但是那戲劇效果是碰巧得到的，並不能歸功於她。他低聲道：「你知道麼？我看見你上車，

前頭的玻璃上貼的廣告，撕破了一塊，從這破的地方我看見你的側面，就只一點下巴。」是乃絡維奶粉的廣告，畫著一個胖孩子，孩子的耳朵底下突然出現了這女人的下巴，仔細想起來是有點嚇人的。「後來你低下頭去從皮包裡拿錢，我才看見你的眼睛，眉毛，頭髮。」拆開來一部份一部份地看，她未嘗沒有她的一種風韻。

翠遠笑了。看不出這人倒也會花言巧語——以為他是個靠得住的生意人模樣！她又看了他一眼。太陽光紅紅地曬穿他鼻尖下的軟骨。他擱在報紙包上的那只手，從袖口裡出來，黃色的，敏感的 —— 一個真的人！不很誠實，也不很聰明，但是一個真的人！她突然覺得燥熱、快樂。她背過臉去，細聲道：「這種話，少說些罷！」

宗楨道：「嗯？」他早忘了他說了些什麼。他眼睛盯著他表侄的背影 —— 那知趣的青年覺得他在這兒是多餘的，他不願得罪了表叔，以後他們還要見面呢，大家都是快刀斬不斷的好親戚；他竟退回三等車廂去了。董培芝一走，宗楨立刻將他的手臂收回，談吐也正經起來。他搭訕著望了一望她膝上攤著的練習簿，道：「申光大學……您在申光讀書？」

他以為她這麼年輕？她還是一個學生？她笑了，沒做聲。

宗楨道：「我是華濟畢業的。華濟。」她頸子上有一粒小小的棕色的痣，像指甲刻的印子。宗楨下意識地用右手捻了一捻左手的指甲，咳嗽了一聲，接下去問道：「您讀的是哪一科？」

翠遠注意到他的手臂不在那兒了，以為他態度的轉變是由於她端凝的人格，潛移默化所致。這麼一想，倒不能不答

話了，便道：「文科。您呢？」宗楨道：「商科。」他忽然覺得他們的對話，道學氣太濃了一點，便道：「當初在學校裡的時候，忙著運動，出了學校，又忙著混飯吃。書，簡直沒念多少！」翠遠道：「你公事忙麼？」宗楨道：「忙得沒頭沒腦。早上乘電車上公事房去，下午又乘電車回來，也不知道為什麼去，為什麼來！我對於我的工作一點也不感到興趣。說是為了掙錢罷，也不知道是為誰掙的！」翠遠道：「誰都有點家累。」宗楨道：「你不知道 —— 我家裡 —— 咳，別提了！」翠遠暗道：「來了！他太太一點都不同情他！世上有了太太的男人，似乎都是急切需要別的女人的同情。」宗楨遲疑了一會，方才吞吞吐吐，萬分為難地說道：「我太太 —— 一點都不同情我。」

翠遠皺著眉毛望著他，表示充分瞭解。宗楨道：「我簡直不懂我為什麼天天到了時候就回家去。回到哪兒去？實際上我是無家可歸的。」他褪下眼鏡來，迎著亮，用手絹子拭去上面的水漬，道：「咳！混著也就混下去了，不能想 —— 就是不能想！」近視眼的人當眾摘下眼鏡子，翠遠覺得有點穢褻，彷彿當眾脫衣服似的，不成體統。宗楨繼續說道：「你 —— 你不知道她是怎麼樣的一個女人！」翠遠道：「那麼，你當初……」宗楨道：「當初我也反對來著。她是我母親給訂下的。我自然是願意讓我自己揀，可是……她從前非常的美……我那時又年輕……年輕的人，你知道……」翠遠點點頭。

宗楨道：「她後來變成了這麼樣的一個人 —— 連我母親都跟她鬧翻了，倒過來怪我不該娶了她！她 —— 她那脾氣

── 她連小學都沒有畢業。」翠遠不禁微笑道：「你彷彿非常看重那一紙文憑！其實，女子教育也不過是那麼一回事！」她不知道為什麼她說出這句話來，傷了她自己的心。宗楨道：「當然哪，你可以在旁邊說風涼話，因為你是受過上等教育的。你不知道她是怎麼樣的一個 ──」他頓住了口，上氣不接下氣，剛戴上了眼鏡子，又褪下來擦鏡片。翠遠道：「你說得太過分了一點罷？」宗楨手裡捏著眼鏡，艱難地做了一個手勢道：「你不知道她是 ──」翠遠忙道：「我知道，我知道。」她知道他們夫婦不和，決不能單怪他太太，他自己也是一個思想簡單的人。他需要一個原諒他，包涵他的女人。

街上一陣亂，轟隆轟隆來了兩輛卡車，載滿了兵。翠遠與宗楨同時探頭出去張望；出其不意地，兩人的面龐異常接近。在極短的距離內，任何人的臉都和尋常不同，像銀幕上特寫鏡頭一般的緊張。宗楨和翠遠突然覺得他們倆還是第一次見面。在宗楨的眼中，她的臉像一朵淡淡幾筆的白描牡丹花，額角上兩三根吹亂的短髮便是風中的花蕊。

他看著她，她紅了臉，她一臉紅，讓他看見了，他顯然是很愉快。她的臉就越發紅了。

宗楨沒有想到他能夠使一個女人臉紅，使她微笑，使她背過臉去，使她掉過頭來。在這裡，他是一個男子。平時，他是會計師，他是孩子的父親，他是家長，他是車上的搭客，他是店裡的主顧，他是市民。可是對於這個不知道他的底細的女人，他只是一個單純的男子。

他們戀愛著了。他告訴她許多話，關於他們銀行裡，誰

跟他最好，誰跟他面和心不和，家裡怎樣鬧口舌，他的秘密的悲哀，他讀書時代的志願……無休無歇的話，可是她並不嫌煩。戀愛著的男子向來是喜歡說，戀愛著的女人向來是喜歡聽。戀愛著的女人破例地不大愛說話，因為下意識地她知道：男人徹底地懂得了一個女人之後，是不會愛她的。

宗楨斷定了翠遠是一個可愛的女人 —— 白、稀薄、溫熱，像冬天裡你自己嘴裡呵出來的一口氣。你不要她，她就悄悄地飄散了。她是你自己的一部分，她什麼都懂，什麼都寬宥你。你說真話，她為你心酸；你說假話，她微笑著，彷彿說：「瞧你這張嘴！」

宗楨沉默了一會，忽然說道：「我打算重新結婚。」翠遠連忙做出驚慌的神氣，叫道：「你要離婚？那……恐怕不行罷？」宗楨道：「我不能夠離婚。我得顧全孩子們的幸福。我大女兒今年十三歲了，才考進了中學，成績很不錯。」翠遠暗道：「這跟當前的問題又有什麼關系？」她冷冷地道：「哦，你打算娶妾。」宗楨道：「我預備將她當妻子看待。我 —— 我會替她安排好的。我不會讓她為難。」翠遠道：「可是，如果她是個好人家的女孩子，只怕她未見得肯罷？種種法律上的麻煩……」宗楨嘆了口氣道：「是的。你這話對。我沒有這權利。我根本不該起這種念頭……我年紀也太大了。我已經三十五歲了。」翠遠緩緩地道：「其實，照現在的眼光看來，那倒也不算大。」宗楨默然。半晌方說道：「你……幾歲？」翠遠低下頭去道：「二十五。」宗楨頓了一頓，又道：「你是自由的麼？」翠遠不答。宗楨道：「你不是自由的。即使你答應了，你的家裡人也不會答應的，是不是？……

是不是？」

翠遠抿緊了嘴唇。她家裡的人 ── 那些一塵不染的好人 ── 她恨他們！他們哄夠了她。他們要她找個有錢的女婿，宗楨沒有錢而有太太 ── 氣氣他們也好！氣，活該氣！

車上的人又漸漸多了起來，外面許是有了「封鎖行將開放」的謠言，乘客一個一個上來，坐下，宗楨與翠遠給他們擠得緊緊的，坐近一點，再坐近一點。

宗楨與翠遠奇怪他們剛才怎麼這樣的糊塗，就想不到自動地坐近一點，宗楨覺得他太快樂了，不能不抗議。他用苦楚的聲音向她說：「不行！這不行！我不能讓你犧牲了你的前程！你是上等人，你受過這樣好的教育……我 ── 我又沒有多少錢，我不能坑了你的一生！」可不是，還是錢的問題。他的話有理。翠遠想道：「完了。」以後她多半是會嫁人的，可是她的丈夫決不會像一個萍水相逢的人一股的可愛 ── 封鎖中的電車上的人……一切再也不會像這樣自然。再也不會……呵，這個人，這麼笨！這麼笨！她只要他的生命中的一部分，誰也不希罕的一部分。他白糟蹋了他自己的幸福。那麼愚蠢的浪費！她哭了，可是那不是斯斯文文的，淑女式的哭。她簡直把她的眼淚唾到他臉上。他是個好人 ── 世界上的好人又多了一個！

向他解釋有什麼用？如果一個女人必須倚仗著她的言語來打動一個男人，她也就太可憐了。

宗楨一急，竟說不出話來，連連用手去搖撼她手裡的陽傘。她不理他。他又去搖撼她的手，道：「我說 ── 我說 ── 這兒有人哪！別！別這樣！等會兒我們在電話上仔細

談。你告訴我你的電話。」翠遠不答。他逼著問道：「你無論如何得給我一個電話號碼。」翠遠飛快地說了一遍道：「七五三六九。」

宗楨道：「七五三六九？」她又不做聲了。宗楨嘴裡喃喃重複著：「七五三六九，」伸手在上下的口袋裡掏摸自來水筆，越忙越摸不著。翠遠皮包裡有紅鉛筆，但是她有意地不拿出來。她的電話號碼，他理該記得。記不得，他是不愛她，他們也就用不著往下談了。

封鎖開放了。「叮玲玲玲玲玲」搖著鈴，每一個「玲」字是冷冷的一點，一點一點連成一條虛線，切斷時間與空間。

一陣歡呼的風刮過這大城市。電車噹噹噹往前開了。宗楨突然站起身來，擠到人叢中，不見了。翠遠偏過頭去，只做不理會。他走了。對於她，他等於死了。電車加足了速力前進，黃昏的人行道上，賣臭豆腐干的歇下了擔子，一個人捧著文王神的匣子，閉著眼霍霍的搖。一個大個子的金髮女人，背上揹著大草帽，露出大牙齒來向一個意大利水兵一笑，說了句玩笑話。翠遠的眼睛看到了他們，他們就活了，只活那麼一剎那。車往前噹噹的跑，他們一個個的死去了。

翠遠煩惱地合上了眼。他如果打電話給她，她一定管不住她自己的聲音，對他分外的熱烈，因為他是一個死去了又活過來的人。

電車裡點上了燈，她一睜眼望見他遙遙坐在他原先的位子上。她震了一震 —— 原來他並沒有下車去！她明白他的意思了：封鎖期間的一切，等於沒有發生。整個的上海打了個盹，做了個不近情理的夢。

　　開電車的放聲唱道：「可憐啊可憐！一個人啊沒錢！可憐啊可……」一個縫窮婆子慌裡慌張掠過車頭，橫穿過馬路。開電車的大喝道：「豬玀！」

延伸閱讀資料

鍾正道：《張愛玲小說的電影閱讀》，台中：印書小舖出版，
　　2008 年
高全之：《張愛玲學》，台北：麥田出版社，2008 年
劉紹銘：《張愛玲的文字世界》，台北：九歌出版社，2007 年
張子靜、季季：《我的姊姊張愛玲》，台北：印刻出版社，
　　2005 年
水晶：《張愛玲的小說藝術》，台北：大地出版社，2000 年

孫　犂

孫　犂（1913－2002）

　　孫犂，原名孫樹勛，1913 年生，河北安平人。中學畢業後，當過職員、小學教師，1938 年起在中共晉察冀邊區參加文宣工作，任記者、編輯。1944 年去延安魯迅藝術學院學習和任教，發表著名短篇〈荷花淀〉、〈蘆花蕩〉等，以清新明朗的風格獲得好評。1949 年後曾任作家協會天津分會副主席。後長期稱病不出，以寫作自娛。2002 年去世，享壽 90 歲。

　　孫犂的作品有短篇小說集《白洋淀紀事》、中篇小說《鐵木前傳》及長篇小說《風雲初記》；詩集《白洋淀之曲》；散文集《津門小集》等。孫犂與趙樹理為同一時期成名的中共邊區作家。他的小說語言清新、自然、淡雅，富有詩意，帶著濃厚的抒情意味，善於在戰爭風雲及邊區政治現實中捕捉人情美和人性美，尤善寫含蓄、深沈的冀北農村女性。他的小說雖有一定的政治色彩，但人性和人情才是他真正留心的重點。

荷花淀

孫　犁

　　月亮升起來，院子裡涼爽得很，乾淨得很，白天破好的葦眉子潮潤潤的，正好編席。女人坐在小院當中，手指上纏絞著柔滑修長的葦眉子。葦眉子又薄又細，在她懷裡跳躍著。

　　要問白洋淀有多少葦地？不知道。每年出多少葦子？不知道。只曉得，每年蘆花飄飛葦葉黃的時候，全淀的蘆葦收割，垛起垛來，在白洋淀周圍的廣場上，就成了一條葦子的長城。女人們，在場裡院裡編著席。編成了多少席？六月裡，淀水漲滿，有無數的船隻，運輸銀白雪亮的席子出口，不久，各地的城市村莊，就全有了花紋又密、又精緻的席子用了。大家爭著買：

　　「好席子，白洋淀席！」

　　這女人編著席。不久在她的身子下面，就編成了一大片。她像坐在一片潔白的雪地上，也像坐在一片潔白的雲彩上。她有時望望淀裡，淀裡也是一片銀白世界。水面籠起一層薄薄透明的霧，風吹過來，帶著新鮮的荷葉荷花香。

　　但是大門還沒關，丈夫還沒回來。

　　很晚丈夫才回來了。這年輕人不過二十五六歲，頭戴一頂大草帽，上身穿一件潔白的小褂，黑單褲卷過了膝蓋，光著腳。他叫水生，小葦莊的遊擊組長，黨的負責人。今天領著遊擊組到區上開會去來。女人抬頭笑著問：

　　「今天怎麼回來得這麼晚？」站起來要去端飯。水生坐在台階上說：

　　「吃過飯了，你不要去拿。」

　　女人就又坐在席子上。她望著丈夫的臉，她看出他的臉有些紅漲，說話也有些氣喘。她問：

　　「他們幾個哩？」

　　水生說：

　　「還在區上。爹哩？」

　　女人說：

　　「睡了。」

　　「小華哩？」

　　「和他爺爺去收了半天蝦簍，早就睡了。他們幾個為什麼還不回來？」

　　水生笑了一下。女人看出他笑得不像平常。

　　「怎麼了，你？」

　　水生小聲說：

　　「明天我就到大部隊上去了。」

　　女人的手指震動了一下，想是叫葦眉子劃破了手，她把一個手指放在嘴裡吮了一下。水生說：

　　「今天縣委召集我們開會。假若敵人再在同口安上據點，那和端村就成了一條線，淀裡的鬥爭形勢就變了。會上

決定成立一個地區隊。我第一個舉手報了名的。」

女人低著頭說：

「你總是很積極的。」

水生說：

「我是村裡的遊擊組長，是幹部，自然要站在頭裡，他們幾個也報了名。他們不敢回來，怕家裡的人拖尾巴。公推我代表，回來和家裡人們說一說。他們全覺得你還開明一些。」

女人沒有說話。過了一會兒，她才說：

「你走，我不攔你，家裡怎麼辦？」

水生指著父親的小房叫她小聲一些。說：

「家裡，自然有別人照顧。可是咱的莊子小，這一次參軍的就有七個。莊上青年人少了，也不能全靠別人，家裡的事，你就多做些，爹老了，小華還不頂事。」女人鼻子裡有些酸，但她並沒有哭。只說：

「你明白家裡的難處就好了。」

水生想安慰她。因為要考慮準備的事情還太多，他只說了兩句：

「千斤的擔子你先擔吧，打走了鬼子，我回來謝你。」

說罷，他就到別人家裡去了，他說回來再和父親談。

雞叫的時候，水生才回來。女人還是呆呆地坐在院子裡等他，她說：

「你有什麼話囑咐囑咐我吧。」

「沒有什麼話了，我走了，你要不斷進步，識字，生產。」

「嗯。」

「什麼事也不要落在別人後面！」

「嗯，還有什麼？」

「不要叫敵人漢奸捉活的。捉住了要和他拚命。」這才是那最重要的一句，女人流著眼淚答應了他。

第二天，女人給他打點好一個小小的包裹，裡面包了一身新單衣，一條新毛巾，一雙新鞋子。那幾家也是這些東西，交水生帶去。一家人送他出了門。父親一手拉著小華，對他說：

「水生，你幹的是光榮事情，我不攔你，你放心走吧。大人孩子我給你照顧，什麼也不要惦記。」

全莊的男女老少也送他出來，水生對大家笑一笑，上船走了。

女人們到底有些藕斷絲連。過了兩天，四個青年婦女集在水生家裡來，大家商量：

「聽說他們還在這裡沒走。我不拖尾巴，可是忘下了一件衣裳。」

「我有句要緊的話得和他說說。」

水生的女人說：

「聽他說鬼子要在同口安據點……」

「哪裡就碰得那麼巧，我們快去快回來。」

「我本來不想去，可是俺婆婆非叫我再去看看他，有什麼看頭啊！」

於是這幾個女人偷偷坐在一只小船上，划到對面馬莊去了。

到了馬莊，她們不敢到街上去找，來到村頭一個親戚家裡。親戚說：你們來的不巧，昨天晚上他們還在這裡，半夜

裡走了，誰也不知開到哪裡去。你們不用惦記他們，聽說水
生一來就當了副排長，大家都是歡天喜地的……

　　幾個女人羞紅著臉告辭出來，搖開靠在岸邊上的小船。
現在已經快到晌午了，萬里無雲，可是因為在水上，還有些
涼風。這風從南面吹過來，從稻秧葦尖上吹過來。水面沒有
一只船，水像無邊的跳蕩的水銀。

　　幾個女人有點失望，也有些傷心，各人在心裡罵著自己
的狠心賊。可是青年人，永遠朝著愉快的事情想，女人們尤
其容易忘記那些不痛快。不久，她們就又說笑起來了。

　　「你看說走就走了。」

　　「可慌（高興的意思）哩，比什麼也慌，比過新年，娶
新 —— 也沒見他這麼慌過！」「拴馬椿也不頂事了。」

　　「不行了，脫了韁了！」

　　「一到軍隊裡，他一准得忘了家裡的人。」

　　「那是真的，我們家裡住過一些年輕的隊伍，一天到晚
仰著脖子出來唱，進去唱，我們一輩子也沒那麼樂過。等他
們閒下來沒有事了，我就傻想：該低下頭了吧。你猜人家幹
什麼？用白粉子在我家映壁上畫上許多圓圈圈，一個一個蹲
在院子裡，托著槍瞄那個，又唱起來了！」

　　她們輕輕划著船，船兩邊的水嘩，嘩，嘩。順手從水裡
撈上一棵菱角來，菱角還很嫩很小，乳白色。順手又丟到水
裡去。那棵菱角就又安安穩穩浮在水面上生長去了。

　　「現在你知道他們到了哪裡？」

　　「管他哩，也許跑到天邊上去了！」

　　她們都抬起頭往遠處看了看。

「唉呀！那邊過來一只船。」

「唉呀！日本，你看那衣裳！」

「快搖！」

小船拚命往前搖。她們心裡也許有些後悔，不該這麼冒冒失失走來；也許有些怨恨那些走遠了的人。但是立刻就想，什麼也別想了，快搖，大船緊緊追過來了。

大船追的很緊。

幸虧是這些青年婦女，白洋淀長大的，她們搖的小船飛快。小船活像離開了水皮的一條打跳的梭魚。她們從小跟這小船打交道，駛起來，就像織布穿梭，縫衣透針一般快。

假如敵人追上了，就跳到水裡去死吧！

後面大船來的飛快。那明明白白是鬼子！這這幾個青年婦女咬緊牙制止住心跳，搖櫓的手並沒有慌，水在兩旁大聲的嘩嘩，嘩嘩，嘩嘩嘩！

「往荷花淀裡搖！那裡水淺，大船過不去。」

她們奔著那不知道有幾畝大小的荷花澱去，那一望無邊際的密密層層的大荷葉，迎著陽光舒展開，就像銅牆鐵壁一樣。粉色荷花箭高高地挺出來，是監視白洋淀的哨兵吧！

她們向荷花淀裡搖，最後，努力地一搖，小船竄進了荷花徒。幾隻野鴨撲楞楞飛起，尖聲驚叫，掠著水面飛走了。就在她們的耳邊響起一排槍！

整個荷花淀全震蕩起來。她們想，陷在敵人的埋伏裡了，一准要死了，一齊翻身跳到水裡去。漸漸聽清楚槍聲只是向著外面，她們才又扒著船幫露出頭來。她們看見不遠的地方，那寬厚肥大的荷葉下面，有一個人的臉，下半截身子長在水

裡。荷花變成人了？那不是我們的水生嗎？又往左右看去，
不久各人就找到了各人丈夫的臉，啊，原來是他們！

但是那些隱蔽在大荷葉下面的戰士們，正在聚精會神瞄
著敵人射擊，半眼也沒有看她們。槍聲清脆，三五排槍過後，
他們投出了手榴彈，衝出了荷花淀。

手榴彈把敵人那只大船擊沈，一切都沈下去了。水面上
只剩下一團煙硝火藥氣味。戰士們就在那裡大聲歡笑著，打
撈戰利品。他們又開始了沈到水底撈出大魚來的拿手戲。他
們爭著撈出敵人的槍支、子彈帶，然後是一袋子一袋子叫水
浸透了的麵粉和大米。水生拍打著水去追趕一個在水波上滾
動的東西，是一包用精緻紙盒裝著的餅乾。

婦女們帶著渾身水，又坐到她們的小船上去了。

水生追回那個紙盒，一隻手高高舉起，一隻手用力拍打
著水，好使自己不沈下去。對著荷花淀吆喝：

「出來吧，你們！」

好像帶著很大的氣。

她們只好搖著船出來。忽然從她們的船底下冒出一個人
來，只有水生的女人認的那是區小隊的隊長。這個人抹一把
臉上的水問她們：

「你們幹什麼去來呀？」

水生的女人說：

「又給他們送了一些衣裳來！」

小隊長回頭對水生說：

「都是你村的？」

「不是她是誰，一群落後分子？」說完把紙盒順手丟

．

在女人們船上，一汆，又沈到水底下去了，到很遠的地方才鑽出來。

小隊長開了個玩笑，他說：

「你們也沒有白來，不是你們，我們的伏擊不會這麼徹底。可是，任務已經完成，該回去曬曬衣裳了。情況還緊的很！」

戰士們已經把打撈出來的戰利品，全裝在他們的小船上，準備轉移。一人摘了一片大荷葉頂在頭上，抵擋正午的太陽。幾個青年婦女把掉在水裡又撈出來的小包裹，丟給了他們，戰士們的三隻小船就奔著東南方向，箭一樣飛去了。不久就消失在中午水面上的煙波裡。

幾個青年婦女划著她們的小船趕緊回家，一個個像落水雞似的，一路走著，因過於刺激和興奮，她們又說笑起來，坐在船頭臉朝後的一個噘著嘴說：

「你看他們那個橫樣子，見了我們愛搭理不搭理的！」

「啊，好像我們給他們丟了什麼人似的。」

她們自己也笑了，今天的事情不算光彩，可是：

「我們沒槍，有槍就不往荷花淀裡跑，在大淀裡就和鬼子幹起來！」

「我今天也算看見打仗了。打仗有什麼出奇，只要你不著慌，誰還不會趴在那裡放槍呀！」

「打沈了，我也會浮水撈東西，我管保比他們水式好，再深點我也不怕！」

「水生嫂，回去我們也成立隊伍，不然以後還能出門嗎！」

「剛當上兵就小看我們，過兩年，更把我們看得一錢不值了，誰比誰落後多少呢！」

這一年秋季，她們學會了射擊。冬天，打冰夾魚的時候，她們一個個蹬在流星一樣的冰床上，來回警戒。敵人圍剿那百頃大葦塘的時候，她們配合子弟兵作戰，出入在那蘆葦的海裡。

延伸閱讀資料

孫犁著，謝大光編注：《孫犁集》，廣州：花城出版社，2009年

金梅：《寂寞中的愉悅：嗜書一生的孫犁》，鄭州：河南人民出版社，2007年

楊聯芬：《孫犁：革命文學中的多餘人：20世紀中國文學論》，北京：中國文聯出版社，2004年

管蠡：《孫犁傳略》，天津：百花文藝出版社，2004年

金梅編：《孫犁自敘》，北京：團結出版社，1998年